JN012066

イタリア語
リスニング

入江たまよ　マッティーア・パーチ

SANSHUSHA

● 音声ダウンロード・ストリーミング

1. PC・スマートフォンで本書の音声ページにアクセスします。
   https://www.sanshusha.co.jp/np/onsei/isbn/9784384059991/
2. シリアルコード「05999」を入力。
3. 音声ダウンロード・ストリーミングをご利用いただけます。

本書は2004年に刊行された『イタリア語聴き取りトレーニング』を
元本に加筆・修正し、改題したものです。

まえがき

外国語を勉強しようと思う動機には、いろいろなものがあります。異文化への好奇心、文学作品を読み解きたい、芸術を堪能したいといった熱意は、その一例でしょう。でも、なんといっても、コミュニケーションをとりたい気持ちがいちばん強いのではないでしょうか。コミュニケーションが情報の交換ならば、言われたことを理解して、言いたいことを十分に表現する能力の両方が重要です。

日本では、日常生活のなかでイタリア語に触れる機会がめったにありません。料理やブランド名はしょっちゅう聞こえてくるのですが。イタリア語を積極的に学ぼうとしている人にとっては、話すための教材を見つけるのも大変でしょう。

このテキストには、日常的な会話がギッシリと詰まっています。繰り返し聞くことで、聞き取る能力だけでなく、さまざまな言い回しを覚えれば、実際にイタリア語を口に出すときにも役立つでしょう。

さあ、まずは聞いてみてください。それから何度も繰り返し聞き込んで、会話につなげていきましょう。ガンバレ！

著者

Le motivazioni che portano allo studio di una lingua straniera possono essere molteplici: la curiosità verso una cultura diversa, la passione per la lettura, l'amore per l'arte sono alcuni di questi. Ma il desiderio di comunicare è sempre stato, per me come per molti, la motivazione più forte. E se la comunicazione è uno scambio di informazioni, comprendere ciò che ci viene detto è tanto importante quanto riuscire ad esprimere in modo efficace il proprio pensiero.

In Giappone le occasioni di contatto con la lingua italiana nella vita quotidiana sono sorprendentemente numerose, basti pensare a nomi di prodotti o catene di negozi diffusi ovunque. Ciononostante, per chi desidera studiare attivamente l'italiano è spesso difficile trovare materiali con cui sviluppare la propria capacità di destreggiarsi nella lingua orale.

Questo manuale propone dunque una raccolta di dialoghi realistici con un duplice scopo: per prima cosa, tramite l'ascolto e la ripetizione, l'acquisizione di espressioni ampiamente utilizzate nel parlato; dopo di ché l'assimilazione tramite attività specifiche, così da consentirne un utilizzo spontaneo nelle occasioni di contatto con parlanti madrelingua.

In poche parole: ascoltiamo, ripetiamo e proviamo ad usare quanto ascoltato! Forza!

Indice

本書の使い方

もちろん、これは使い方の一例です。

リスニングに自信のある方は、選択肢を読みながら聞くといった練習からは始めてもOK！　自分なりのレベルと進度に合うように、使い方に工夫を加えて、アレンジしてください。大切なのは、最初から一語ももらさず聞いてやろうと耳を緊張させるのではなく、イタリア語のリズムに乗って、おおよその話しの流れをつかもうとすることです。

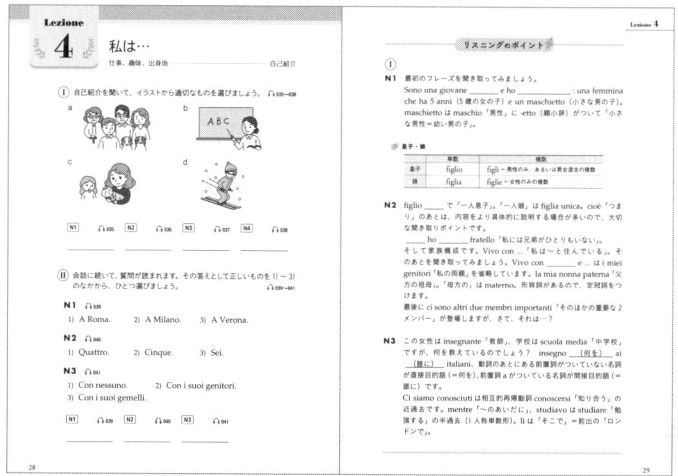

Lezione 4

私は…

仕事、趣味、出身地 —— 自己紹介

Ⅰ 自己紹介を聞いて、イラストから適切なものを選びましょう。 035～038

a　b　c　d

N1 035　N2 036　N3 037　N4 038

Ⅱ 会話に続いて、質問が読まれます。その答えとして正しいものを 1) ～ 3) のなかから、ひとつ選びましょう。 039～041

N1 039

1) A Roma.　2) A Milano.　3) A Verona.

N2 040

1) Quattro.　2) Cinque.　3) Sei.

N3 041

1) Con nessuno.　2) Con i suoi genitori.
3) Con i suoi gemelli.

N1 039　N2 040　N3 041

28

Lezione 4

リスニングのポイント

Ⅰ

N1 最初のフレーズを聞き取ってみましょう。
Sono una giovane _______ e ho _____________ : una femmina che ha 5 anni（5 歳の女の子）e un maschietto（小さな男の子）。maschietto は maschio「男性」に -etto（縮小辞）がついて「小さな男性＝幼い男の子」。

息子・娘

	単数	複数
息子	figlio	figli ←男性のみ、あるいは男女混合の複数
娘	figlia	figlie ←女性のみの複数

N2 figlio _____ で「一人息子」。「一人娘」は figlia unica。cioè「つまり」のあとは、内容をより具体的に説明する場合が多いので、大切な聞き取りポイントです。
_____ ho _______ fratello「私には兄弟がひとりもいない」。
そして家族構成です。Vivo con ...「私は～と住んでいる」。そのあとを聞き取ってみましょう。Vivo con _______ e ... は i miei genitori「私の両親」を省略しています。la mia nonna paterna「父方の祖母」。「母方の」は materno。形容詞があるので、定冠詞をつけます。
最後に ci sono altri due membri importanti「そのほかの重要な 2 メンバー」が登場しますが、さて、それは…？

N3 この女性は insegnante「教師」、学校は scuola media「中学校」ですが、何を教えているのでしょう？　insegno ＿（何を）＿ ai ＿（誰に）＿ italiani、動詞のあとにある前置詞がついていない名詞が直接目的語（＝何を）、前置詞 a がついている名詞が間接目的語（＝誰に）です。
Ci siamo conosciuti は相互的再帰動詞 conoscersi「知り合う」の近過去です。mentre「～のあいだに」、studiavo は studiare「勉強する」の半過去（1 人称単数形）。lì は「そこで」＝前出の「ロンドンで」。

29

① イラストや選択肢をじっくりと見てください。

会話の内容や登場しそうな単語を想像しながら、リラックスして始めましょう。

② 音声を聞き終えてから、答えを考えましょう。

最初は、問題ごとに音声を止めてしまわないで、ある程度の長さを続けて聞きます。答えがわかっても、2～3回ほど、同じ内容を繰り返し聞いてみましょう。それから、1問ずつ音声を止めながら、ていねいに聞きます。

③ 答えがどうしてもわからないときは、「リスニングのポイント」を参考にしましょう。

下線になっている部分の単語に集中して、もう一度音声を聞いてみてください。そのほか、文法に関するヒントや覚えておきたい事項をまとめてありますので、答えがわかったとしても一読してください。

④「解答＆スクリプト」のページには、解答、スクリプトとその全訳を掲載しています。

そのほか、ここにも文法に関するヒントや覚えておきたい事項を、適宜掲載しています。

Lezione 4

解答＆スクリプト

①

N1 c 035

D: Sono una giovane madre e ho due figli: una femmina che ha 5 anni e un maschietto. È appena nato e ha solo 3 mesi. Mio marito è dentista e lavora ogni giorno in una clinica privata.

私は若い母親で２人の子どもがいます。５歳の娘と幼い息子です。息子は生まれたばかりで、３か月です。夫は歯医者で、毎日、クリニックで働いています。

N2 a 036

U: Sono studente universitario. Sono figlio unico, cioè non ho nessun fratello. Vivo con i miei e la mia nonna paterna. Nella mia famiglia ci sono altri due membri importanti: due cani pastori, sono fedeli e intelligenti.

ぼくは大学生です。一人息子で、つまり兄弟はいません。両親と父方の祖母といっしょに住んでいます。ぼくの家族には、重要なメンバーがあと２匹います。牧羊犬で、忠実で賢いです。

N3 b 037

D: Sono insegnante di scuola media e insegno l'inglese ai ragazzi italiani. Mio marito è inglese. Ci siamo conosciuti a Londra mentre studiavo lì da studentessa.

私は中学校の教師で、イタリア人の生徒たちに英語を教えています。夫はイギリス人です。学生時代にロンドンで勉強しているあいだに、私たちは知り合いました。

N4 d 038

U: Lavoro qui da tre anni. Il mio hobby è sciare. Sono scapolo ma convivo con la mia ragazza da sei mesi.

私は３年前から、ここで働いています。私の趣味はスキーです。独身ですが、恋人と６か月前から同棲しています。

32

本書はリスニング力の向上を目指した本ですが、使い方によっては「聞く」以外の「話す」「書く」「読む」といった技能を高めることもできます。工夫してどんどん活用してみてください。

・「話す」力を高めるために

シャドーイングの練習も効果的です。音声のすぐあとを追いかけるように、スクリプトを読んでみましょう。発声することで、イタリア語の発音の向上や、リズムを身につけることができます。

・「書く」力を高めるために

すべての会話を書き取るディクテーションの練習もしてみましょう。たとえば、最初から全部を書き取るのではなく、新出単語を空欄にしながらスクリプトのイタリア語を書き写し、音声を聞きながら空欄を埋めてみる…など、ご自身でトレーニング法を開発してみてください。自分なりの学習方法を採りましょう。

・「読む」力を高めるために

本書をひと通り終えたら（学習直後はスクリプトの内容を覚えているので、それを忘れた頃に）、訳を見ないようにして、スクリプトを読んでみるのもいいでしょう。引っかかる文法や表現があれば、そこは苦手な分野なので、復習すると効果的です。

はじめまして！

1日のはじまりに、旅行へ行く人に …………… いろいろな挨拶

会話を聞いて、それぞれの会話の場面の最後に来る適切な「ひとこと」を、下の 1) ～ 10) から選びましょう。 001～010（解答 011～020）

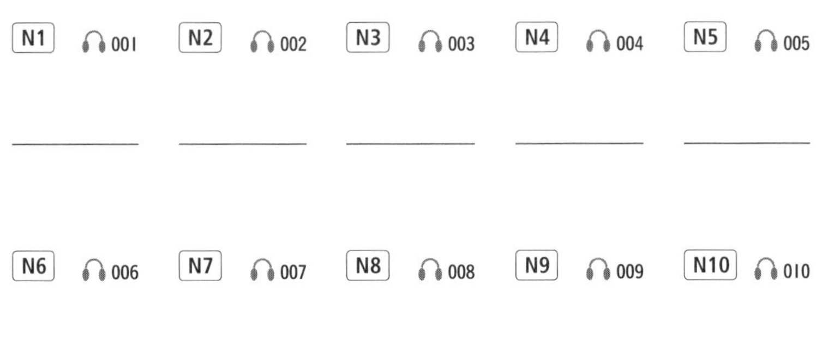

1) Mi dispiace.
2) Si figuri.
3) Piacere!
4) Buona giornata!
5) Buon divertimento!
6) A più tardi!
7) Auguri!
8) Non si preoccupi!
9) Brava!
10) Buon viaggio e divertiti, mi raccomando!

リスニングのポイント

N 1 Come si chiama? は、敬称（＝目上の人や初対面の人に向かって、2人称単数形ではなく、3人称単数形を用いる話し方）で名前を尋ねています。ということは、この2人は初対面ですね。

N 2 mio fratello compie 23 anni の動詞 compie の原形は、compiere「達成する、〜歳になる」。

N 3 ci vediamo と言っているので、2人は後で会うわけです。原形は vedersi（相互的再帰動詞）、「お互いに会う」。
〈fra ＋期間の表現〉で、「〜後に」。

N 4 〈partire per ＋目的地〉で「〜に向かって出発する」。最後の「ひとこと」は、旅行へ出発する人に言います。

N 5 1日のはじまりです。学校へ行く人には Buona scuola!　仕事に行く人には Buon lavoro! といった「ひとこと」もあります。

N 6 Ah, lo vedo. の lo は、l'ospedale の代名詞（病院を：直接目的語、男性名詞・単数）→ lo（それを）です。Grazie に対しては、Prego!「どういたしまして」、Non c'è di che! / Di niente!「とんでもない」など、さまざまな返答がありますが、ここでは…？

N 7 楽しいこと（vado al cinema con gli amici）をしに行く人への「ひとこと」です。

N 8 広場の場所を尋ねられて、non lo so「知りません」なので…。

N 9 〈riuscire a ＋動詞の原形〉は「うまく〜ができる」。
「ご心配なさらずに（大丈夫です）」と言いたいですね。

N 10 L'hai preparata の l' は、cena（直接目的語、女性名詞・単数）の代名詞 la、hai の前では l' となり、過去分詞の語尾は la に連動して -a。da solo は「男性ひとりで」、da sola は「女性ひとりで」。

解答 & スクリプト

U: Uomo（男性） D: Donna（女性）

N1 3 011

U: È la prima volta che La incontro, vero? Come si chiama?

D: Mi chiamo Anna Braschi.

U: Io sono Marco, Marco Giusti. Piacere!

男：あなたにお目にかかるのは、初めてですよね。お名前は？
女：アンナ・ブラスキです。
男：私はマルコ、マルコ・ジュスティです。はじめまして！

N2 7 012

D: Sai, mio fratello compie 23 anni domani.

U: Ah, domani è il suo compleanno? Auguri!

女：ねえ、私の弟は、明日、23 歳になるのよ。
男：へえ、明日が彼の誕生日なの？ おめでとう！

N3 6 013

U: Allora ci vediamo fra 5 ore davanti alla stazione.

D: D'accordo. A più tardi.

男：では、5 時間後に駅の前で会いましょう。
女：了解です。のちほど。

N4 10 014

D: Quando parti per l'Italia?

U: Il 20 settembre, fra una settimana.

D: Buon viaggio e divertiti, mi raccomando!

女：いつイタリアへ出発するの？
男：9 月 20 日、1 週間後だよ。
女：よいご旅行を！ 楽しんできてね、お願いよ！

N5 4 015

D: Io vado a lavorare e torno verso le sette.

U: Va bene. Buona giornata!

女：私は仕事に行って、7 時頃に帰るわ。
男：わかった。よい 1 日を！

N6 2 016

U: L'ospedale che cerca Lei è lì, in fondo a quella via.

D: Ah, lo vedo. Grazie.

U: Si figuri.

男：あなたがお探しの病院はあそこ、あの通りの突当りです。
女：ああ、見えます。ありがとうございます。
男：どういたしまして。

N7 5 017

U: Esci?

D: Sì, vado al cinema con gli amici.

U: Buon divertimento!

男：出かけるの？
女：うん、友達と映画に行ってくる。
男：楽しんできてね！

N8 1 018

D: Scusi, mi può dire dov'è Piazza delle Muse?

U: Piazza delle Muse? Non lo so, mi dispiace.

女：あのう、デッレ・ムーゼ広場はどちらでしょう？
男：デッレ・ムーゼ広場？　知りません、申し訳ない。

N9 8 019

D: Sto parlando troppo velocemente?

U: No, riesco a seguirLa perfettamente. Non si preoccupi.

女：私は、あまりにも速く、話していますか？
男：いいえ、ちゃんとついていけています。ご心配なく。

N10 9 020

D: La cena è quasi pronta.

U: L'hai preparata tutta da sola? Brava!

女：夕食は、ほとんど出来上がったよ。
男：きみひとりで、全部、作ったの？　すごいね！

Lezione 2

あの人は、だれ？

髪型、髭 ………… 外見から人を表現

Ⅰ 音声を聞いて、会話が示しているイラストを選びましょう。 021～025

N1 021

a 

b 

c 

N2 022

a 

b 

c 

N3 023

a 

b 

c 

N4 024

a 

b 

c 

N5 025

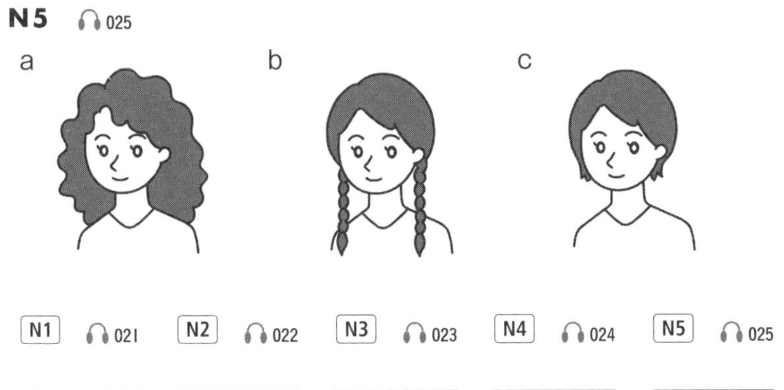

N1 021 ______ N2 022 ______ N3 023 ______ N4 024 ______ N5 025 ______

II 会話が示している人を選びましょう。 026〜028

a　b　c　d　e　f

N1 026 ______ N2 027 ______ N3 028 ______

リスニングのポイント

Ⅰ

N1 特徴を述べている部分を聞き取ってみましょう。
Quella ragazza con i capelli _______ e _______.
2か所とも形容詞で、capelli（男性複数名詞）を修飾しています。聞き取れましたか？

N2 Virgilio は男性の名前です。
lo conosci? の lo は、Virgilio の代名詞「彼を」。
i baffi は「口髭」。動詞 porta < portare は「運ぶ」ですが、「身につけている、着ている」という意味もあります。

N3 la conosce? あるいは la conosco の la は、いずれも la signora Rossi（直接目的語、女性名詞・単数）の代名詞「彼女を」。特徴を述べている部分を聞き取ってみましょう。
Quella signora con i capelli ________, sempre ________ sulle spalle.
neri（nero）、sciolti（sciolto）です。sciolto は、sciogliere「ほどく」の過去分詞と同じ形の形容詞「ほどけた」です。

N4 Lui ha la barba.「彼は、あご髭をたくわえている」、non i baffi「口髭ではなく」（イラストを参照）。non porta gli occhiali の non を聞き落とさないように。

いろいろな髭

barba あご髭

baffi 口髭

farsi la barba　髭を剃る
Oggi non mi sono fatto la barba.　今日、私は髭を剃らなかった。

N5 pettinatura「髪型」。prima portava i capelli ... は、動詞が半過去時制なので「以前は…な髪だった」。ma adesso li ha ... は、動詞が現在なので「でも今は…な髪だ」と変化を表しています。聞き取ってみましょう。

Sì, prima portava i capelli __________, ma adesso li ha tutti ________.

li は capelli（直接目的語、男性・複数）の代名詞「それらを」。形容詞は lisci（liscio）と ricci（riccio）です。

II

N1 女性を説明している動詞、形容詞を聞き取ってみましょう。

Quella che ___（動詞）___ una gonna nera e degli orecchini grandi, ___（形容詞）___ vicino alla finestra. 形容詞は sedere の過去分詞と同じ形です。主語が女性なので、語尾は -a。

服装などは una gonna nera「黒いスカート」、degli orecchini grandi「大きなイアリング」。

場所は vicino a ...「～の近くに」。

N2 服装の違いがポイントです。la maglia「薄手のニット」、a maniche corte「半袖の」。le scarpe col tacco alto「かかとの高い靴＝ハイヒール」。〈前置詞 con ＋定冠詞 il〉は、結合して col となる場合もあります。

N3 男性についての問題です。la camicia は、いわゆるワイシャツ・タイプの「シャツ」、la maglia は、Tシャツ・タイプの「シャツ」で、scura（scuro）は「色の濃い」という形容詞です。

non saprei（sapere の条件法・I 人称単数形）で、「（私は）知らない、わからない」。条件法を使って、語調を柔らかくしています。

解答 & スクリプト

I

N1 a 021

U: Ecco, è arrivata Michela.

D: Qual è?

U: Quella ragazza con i capelli biondi e lunghi.

男：ほら、ミケーラが着いたよ。
女：どの人？
男：あの長い金髪の女の子だよ。

N2 c 022

D: Virgilio lo conosci?

U: Sì, è quell'uomo con i baffi. Porta sempre gli occhiali.

女：ヴィルジーリオを、知っている？
男：うん、あの口髭の男性だよ。いつもメガネをかけているんだ。

N3 b 023

U: Cerco la signora Rossi, la conosce?

D: Certo che la conosco. Quella signora con i capelli neri, sempre sciolti sulle spalle.

男：ロッシ夫人を探しているのですが、ご存知ですか？
女：もちろん知っていますよ。黒髪を、いつも肩に垂らしている人です。

N4 b 024

U: Marco è quello con i baffi?

D: No, no. Lui ha la barba, non i baffi, e non porta gli occhiali.

男：マルコって、あの口髭の人？
女：いいえ。口髭ではなくて、あご髭で、メガネをかけていないわ。

N5 a 025

D: Chiara ha cambiato pettinatura?

U: Sì, prima portava i capelli lisci, ma adesso li ha tutti ricci.

女：キアーラは、髪型を変えた？
男：ああ、以前はストレートだったけど、今は全体を巻き毛にしているよ。

Ⅱ

N1 e 026

U: Conosci quella signora?

D: Quale?

U: Quella che indossa una gonna nera e degli orecchini grandi, seduta vicino alla finestra.

D: Ah, lei è la signora Mazzi.

男：あの女性を知ってる？
女：どの？
男：黒いスカートで、大きなイヤリングをしていて、窓際に座っている女性。
女：ああ、彼女はマッツィ夫人よ。

N2 a 027

D: Vedi quella ragazza elegante? Chi è? La conosci?

U: Quella con la maglia a maniche corte?

D: No, no. Quella con la camicia bianca semplice ma con le scarpe col tacco alto.

U: È Marina.

女：あのシックな服装の女の子が見える？　誰かしら？　知ってる？
男：半袖のニットを着ている子？
女：いいえ。白いシンプルなブラウスだけど、ハイヒールの子よ。
男：マリーナだよ。

N3 d 028

D: Chi è quel signore con la giacca?

U: Quello con la camicia?

D: No, l'altro, con la maglia scura.

U: Ah, non saprei, non l'ho mai visto prima.

女：ジャケットを着ている、あの男性、誰かしら？
男：ワイシャツの人？
女：いいえ、別の人。濃い色のシャツを着ているほうよ。
男：あ〜知らないな。今までに会ったことがないよ。

服装は大切

アクセサリー、衣料 ………… 服装から人を表現

(I) 会話に続いて質問が出されます。その答えとして正しいものを 1) ～ 3) のなかから、ひとつ選びましょう。 029～031

N1 029

1) La giacca di jeans.
2) Il capello.
3) Il cappotto.

N2 030

1) Un completo.
2) Dei pantaloni con una camicetta.
3) Una camicetta vivace e una gonna a fiori.

N3 031

1) La gonna.
2) La gonna lunga.
3) I jeans.

N1 029 ＿＿＿＿＿ N2 030 ＿＿＿＿＿ N3 031 ＿＿＿＿＿

(II) 会話に続いて質問が出されます。正しければ vero に、間違っていれば falso にチェックしましょう。 032～034

N1 032
□ vero
□ falso

N2 033
□ vero
□ falso

N3 034
□ vero
□ falso

リスニングのポイント

I

N1 お母さんが息子に言っている動詞は mettiti。原形は再帰動詞「着る」mettersi で、tu に対する命令法の形です。DOMANDA（質問）の動詞 si mette は直説法現在です。

直説法現在の活用形（再帰動詞）

	alzarsi 起きる	mettersi 身につける	vestirsi 着る
io	**mi** alzo	**mi** metto	**mi** vesto
tu	**ti** alzi	**ti** metti	**ti** vesti
lui / lei	**si** alza	**si** mette	**si** veste
noi	**ci** alziamo	**ci** mettiamo	**ci** vestiamo
voi	**vi** alzate	**vi** mettete	**vi** vestite
loro	**si** alzano	**si** mettono	**si** vestono

命令法の活用法（再帰動詞）

	alzarsi	mettersi	vestirsi
tu	alza**ti**	metti**ti**	vesti**ti**
Lei	**si** alzi	**si** metta	**si** vesta
noi	alziamo**ci**	mettiamo**ci**	vestiamo**ci**
voi	alzate**vi**	mettete**vi**	vestite**vi**
loro	**si** alzino	**si** mettano	**si** vestano

N2 最初に sicuramente i pantaloni と答えているので、パンツ（ズボン）は決定。そのあとを聞き取ってみましょう。

Se fa freddo mi metto（もし寒かったら）＿＿＿＿＿＿＿＿＿ e ＿＿＿＿＿＿＿＿, così diventa un completo.（そうすればスーツになる）

Se fa caldo invece mi metterò ＿＿＿＿＿＿＿＿, a fiori（花柄の）, senza maniche.（袖なしの）

模様、柄

a quadri チェックの　a quadretti 小さいチェックの
a fiori 花柄の　a strisce ボーダーの
a righe ストライプの　a pois 水玉の
a tinta unita 無地の　a fantasia 派手な柄の

色の形容詞

・語尾 -o（修飾する名詞の性数に応じて -o / -a / -i / -e に語尾変化）

bianco 白い　giallo 黄色の　rosso 赤い
grigio グレーの　nero 黒い　azzurro 水色の

・語尾 -e（修飾する名詞の数に応じて -e / -i に語尾変化）

verde 緑の　arancione オレンジ色の
marrone 栗色の　celeste 空色の

・無変化

rosa バラ色の　blu ブルーの
viola スミレ色の　bordeaux / bordò ボルドー色の
beige ベージュ色の

N3 冒頭の non ti vedo は「（私は）きみを見ない」、「きみ」の動作は usare quella gonna「あのスカートを使っているのを」。〈知覚動詞（見る、聞く）＋直接目的語＋動詞の不定詞〉で、直接目的語の動作を不定詞で表して「誰かがなにかをしているのを見る、聞く」。文の主語（私）と直接目的語（きみ）を明確に把握しましょう。devo far aggiustare の far は fare、そのあとに不定詞が続いているので「使役の fare ＝ 〜させる」です。aggiustare「調整する、直す」、la vita「ウエスト」。i soliti jeans の soliti は「いつもの」、単数形は solito。ジーンズは pantaloni と同じく複数名詞です。

Ⅱ

N1 abbiamo terminato「(私たちは) 終えた、完了した」、なにをかというと questa taglia「このサイズを」、つまり「このサイズは売り切れてしまった」。un altro punto vendita della nostra catena を直訳すると「私たちのチェーンのほかの販売ポイント」なので、「同じ系列の別の店」。男性の non importa の importa は動詞 importare「重要である、必要である」、主語は「ほかのショップから取り寄せること」。質問の il giorno successivo は「翌日」。domani は「(今日を起点とした) 明日」で微妙に異なるので注意しましょう。

N2 「～が似合う」は、stare bene。「誰に」は間接目的語 Le「あなたに」。サイズの SML は、サイズ（＝ taglia）が女性名詞なので、la S, la M, la L となります。代名詞の複合形 Gliela「あなたにそれを」は聞き取れましたか？　ブランド名も、ぜひイタリア語で覚えましょう。

N3 vorrei は volere「～したい、～がほしい」の条件法です。直説法を使って voglio comprare とすると「買いたい」にたいして、条件法にすると「できれば買いたい」。su internet は「ネットで」、〈prima di ＋動詞の原形〉は「～する前に」。質問の fare spese on-line は「オンラインでショッピングする」。

volere の活用（現在）

	直説法	条件法
io	voglio	vorrei
tu	vuoi	vorresti
lui / lei	vuole	vorrebbe
noi	vogliamo	vorremmo
voi	volete	vorreste
loro	vogliono	vorrebbero

いろいろな代名詞

主語人称代名詞	直接目的語の代名詞（～を）	間接目的語の代名詞（～に）	再帰動詞の再帰代名詞
io	mi	mi	mi
tu	ti	ti	ti
lui	lo	gli	si
lei	la	le	
noi	ci	ci	ci
voi	vi	vi	vi
loro	li	gli	si
	le		

代名詞の複合形〈～に…を〉

直接 / 間接	lo	la	li	le
mi	me lo	me la	me li	me le
ti	te lo	te la	te li	te le
gli	glielo	gliela	glieli	gliele
le				
ci	ce lo	ce la	ce li	ce le
vi	ve lo	ve la	ve li	ve le
gli	glielo	gliela	glieli	gliele

解答 & スクリプト

N1 3 029

U: Mamma, dov'è la mia giacca di jeans?

D: La giacca?! Oggi fa freddo. Mettiti il cappotto.

U: Va bene.

DOMANDA: Che cosa si mette?

男：お母さん、ぼくのデニムジャケットはどこ？

女：ジャケット？　今日は寒いわ。コートを着なさい。

男：はーい。

質問：なにを着ますか？

1）デニムジャケット

2）帽子

3）コート

N2 2 030

U: Hai già deciso cosa mettere per il matrimonio di tuo cugino?

D: Beh, sicuramente i pantaloni.

U: E la camicia?

D: Se fa freddo mi metto quella camicia di seta e una giacca, così diventa un completo. Se fa caldo invece mi metterò una camicetta vivace, a fiori, senza maniche.

DOMANDA: Se fa caldo che cosa indossa?

男：きみのいとこの結婚式になにを着るか、もう決めた？

女：そうね、絶対パンツね。

男：ブラウスは？

女：もし寒かったら、あの絹のブラウスにジャケットを着るわ。そうすればスーツになるし。もし暑かったら鮮やかな色合いの花模様で袖なしのブラウスにするわ。

質問：暑かったら、なにを着ますか？

1）スーツ

2）パンツとブラウス

3）鮮やかなブラウスと花柄のスカート

N3 3 031

U: Non ti vedo usare quella gonna. Non ti piace?

D: Sì, mi piace. Però devo far aggiustare la vita e la lunghezza e non trovo mai il tempo per farlo. Quindi anche oggi mi metto i soliti jeans.

DOMANDA: Che cosa si mette?

男：あのスカートをきみが着ているのを見たことがないな。きらいなの？

女：好きよ。でもウエストと長さを直さなければならないんだけど、その時間が全然ないの。だから、今日もいつものジーンズよ。

質問：なにを着ていますか？

1）スカート

2）長いスカート

3）ジーンズ

II

N1 falso 032

D: Purtroppo abbiamo terminato questa taglia qui in negozio, ma posso ordinarla da un altro punto vendita della nostra catena. Arriverebbe qui domani.

U: Non importa, provo un altro modello.

DOMANDA: Il cliente tornerà il giorno successivo.

女：あいにく、当店では、こちらのサイズは売り切れてしまったのですが、ほかのショップから取り寄せることができます。明日には到着しますが。

男：大丈夫です。別のデザインのを試着してみます。

質問：この客は、翌日、再び来店する。

N2 falso 033

U: Questo vestito Le sta benissimo.

D: A me però sembra un po' grande, potrei provare anche la S?

U: Certamente, Gliela porto subito. Vuole provare anche quello di Dolce&Gabbana?

D: No, grazie, è troppo scollato.

DOMANDA: La cliente prova un vestito di Dolce&Gabbana

男：こちらの服、とてもよくお似合いですね。

女：でも、少し大きいみたいです。Sサイズも試着できますか？

男：もちろん、すぐにお持ちします。あのドルチェ&ガッバーナのも着てみますか？
女：いいえ、襟ぐりが大きすぎるので、やめておきます。
質問：この客は、ドルチェ&ガッバーナの服を試着する。

N3　falso　034

D: Domani mi accompagni in centro? Vorrei comprare dei jeans nuovi.
U: Ma non puoi cercarli su internet? È molto più comodo...
D: Ma non è la stessa cosa, io prima di comprare qualcosa preferisco provarlo!
DOMANDA: Lei preferisce fare spese on-line.

女：明日、中心街に付き合ってくれる？　新しいジーンズを買いたいんだけれど。
男：ネットで探してみれば？　ずっと楽なのに…
女：同じようにはいかないわ。何かを買う前に、試してみるほうがいいの、私は！
質問：彼女はオンライン・ショッピングが好きだ。

従属動詞の条件法

	volere ～したい、～がほしい	dovere ～しなければならない	potere ～できる
io	vorrei	dovrei	potrei
tu	vorresti	dovresti	potresti
lui / lei	vorrebbe	dovrebbe	potrebbe
noi	vorremmo	dovremmo	potremmo
voi	vorreste	dovreste	potreste
loro	vorrebbero	dovrebbero	potrebbero

私は…

仕事、趣味、出身地 ………… 自己紹介

I 自己紹介を聞いて、イラストから適切なものを選びましょう。 035〜038

a

b

c

d

N1 035 ＿＿＿＿　N2 036 ＿＿＿＿　N3 037 ＿＿＿＿　N4 038 ＿＿＿＿

II 会話に続いて、質問が読まれます。その答えとして正しいものを 1) 〜 3) のなかから、ひとつ選びましょう。 039〜041

N1 039

1) A Roma.　2) A Milano.　3) A Verona.

N2 040

1) Quattro.　2) Cinque.　3) Sei.

N3 041

1) Con nessuno.　2) Con i suoi genitori.
3) Con i suoi gemelli.

N1 039 ＿＿＿＿　N2 040 ＿＿＿＿　N3 041 ＿＿＿＿

リスニングのポイント

I

N1 最初のフレーズを聞き取ってみましょう。

Sono una giovane _______ e ho _____________ : una femmina che ha 5 anni（5 歳の女の子）e un maschietto（小さな男の子）。maschietto は maschio「男性」に -etto（縮小辞）がついて「小さな男性＝幼い男の子」。

息子・娘

	単数	複数
息子	figlio	figli ←男性のみ、あるいは男女混合の複数
娘	figlia	figlie ←女性のみの複数

N2 figlio _____ で「一人息子」。「一人娘」は figlia unica。cioè「つまり」のあとは、内容をより具体的に説明する場合が多いので、大切な聞き取りポイントです。

_____ ho ________ fratello「私には兄弟がひとりもいない」。

そして家族構成です。Vivo con ...「私は〜と住んでいる」。そのあとを聞き取ってみましょう。Vivo con ________ e ... は i miei genitori「私の両親」を省略しています。la mia nonna paterna「父方の祖母」。「母方の」は materno。形容詞があるので、定冠詞をつけます。

最後に ci sono altri due membri importanti「そのほかの重要な 2 メンバー」が登場しますが、さて、それは…？

N3 この女性は insegnante「教師」、学校は scuola media「中学校」ですが、何を教えているのでしょう？ insegno ＿（何を）＿ ai ＿（誰に）＿ italiani、動詞のあとにある前置詞がついていない名詞が直接目的語（＝何を）、前置詞 a がついている名詞が間接目的語（＝誰に）です。

Ci siamo conosciuti は相互的再帰動詞 conoscersi「知り合う」の近過去です。mentre「〜のあいだに」、studiavo は studiare「勉強する」の半過去（1 人称単数形）。lì は「そこで」＝前出の「ロンドンで」。

da ＋形容詞（人生のうちの）時期

da piccolo / piccola	幼いころ
da grande	大きくなって
da bambino / da bambina	子どものころ
da giovane	若いころ
da studente / studentessa	学生のころ

N4 「趣味」は英語を借用して hobby を使いますが、発音はイタリア語風に「オッビー」。
Il mio hobby è （動詞の原形） . を聞き取りましょう。
scapolo は「独身の男性」。女性の場合は nubile。convivere con ... で「〜と同棲する」。

時を表す前置詞

← 過去　　　　　　　　　　　　未来 →

凡例

● 過去の一点を指す＝〜前

★ 現在も継続していることの起点を指す＝〜前から

△ 未来の一点を指す＝〜後

▨ 過去や未来における期間＝〜間

Ⅱ

N1 冒頭の疑問文は出身地（essere di ＋町の名前）を確認しています。そのあとの質問と答えを聞き取りましょう。どちらも動詞です。

Allora i tuoi genitori ________ a Verona?

− Sì. ________ con mio fratello maggiore.

動詞の主語は、質問にある i tuoi genitori なので、3人称複数形です。

兄弟・姉妹

兄	fratello maggiore	弟	fratello minore
姉	sorella maggiore	妹	sorella minore

N2 登場人物を整理してみましょう。

まず un ragazzo spagnolo「スペイン人の男の子」。

ほかの人たちを聞き取りましょう。

Ci sono anche ___ _______ _______ e ___ _______ _______.

質問にある inclusa lei は「彼女を含めて」。動詞 includere「含む、加える」の過去分詞 incluso と同じ形の形容詞「含まれた」＋ lei。「彼女＝女性単数」を修飾するので、incluso が inclusa に語尾変化します。

N3 ルカは Sì, ne ho due「うん、２人いるよ」と答えています。ne は数量表現があるときの代名小詞です。

それから話題は sorella maggiore になり、lavora per conto suo「フリーで働いている」、facendo la giornalista（fare ＋定冠詞＋職業名）、abita a Torino「トリノに住んでいる」、da sola「ひとりで」が聞き取れれば大丈夫ですね。

facendo は fare のジェルンディオで、「〜しながら」。仕事や生活の手段や様態を表しています。

> 独力で、ひとりで、ひとりでに
>
> da ＋ solo / sola / soli / sole

解答 & スクリプト

N1 c 035

D: Sono una giovane madre e ho due figli: una femmina che ha 5 anni e un maschietto. È appena nato e ha solo 3 mesi. Mio marito è dentista e lavora ogni giorno in una clinica privata.

私は若い母親で２人の子どもがいます。５歳の娘と幼い息子です。息子は生まれたばかりで、３か月です。夫は歯医者で、毎日、クリニックで働いています。

N2 a 036

U: Sono studente universitario. Sono figlio unico, cioè non ho nessun fratello. Vivo con i miei e la mia nonna paterna. Nella mia famiglia ci sono altri due membri importanti: due cani pastori, sono fedeli e intelligenti.

ぼくは大学生です。一人息子で、つまり兄弟はいません。両親と父方の祖母といっしょに住んでいます。ぼくの家族には、重要なメンバーがあと２匹います。牧羊犬で、忠実で賢いです。

N3 b 037

D: Sono insegnante di scuola media e insegno l'inglese ai ragazzi italiani. Mio marito è inglese. Ci siamo conosciuti a Londra mentre studiavo lì da studentessa.

私は中学校の教師で、イタリア人の生徒たちに英語を教えています。夫はイギリス人です。学生時代にロンドンで勉強しているあいだに、私たちは知り合いました。

N4 d 038

U: Lavoro qui da tre anni. Il mio hobby è sciare. Sono scapolo ma convivo con la mia ragazza da sei mesi.

私は３年前から、ここで働いています。私の趣味はスキーです。独身ですが、恋人と６か月前から同棲しています。

N1 3 039

U: Tu sei di Verona, vero?

D: Sì, sono venuta qui a Milano con mio marito.

U: Allora i tuoi genitori stanno a Verona?

D: Sì. Vivono con mio fratello maggiore. Ho anche una sorella minore che adesso è a Roma a studiare.

DOMANDA: Dove abita suo fratello?

男：きみは、ヴェローナの出身だよね？

女：ええ、ここミラノには夫と来たの。

男：では、きみのご両親はヴェローナにいるの？

女：そうよ。私の兄と暮らしているわ。ローマで勉強している妹もいるの。

質問：彼女の兄は、どこに住んでいますか？

1）ローマに　2）ミラノに　3）ヴェローナに

N2 2 040

U: Junko, com'è la tua classe della scuola d'italiano?

D: È molto allegra, perché c'è un ragazzo spagnolo che parla sempre.

U: Gli altri da dove vengono?

D: Ci sono anche due ragazze svizzere e un signore americano.

DOMANDA: Quanti studenti ci sono nella sua classe, inclusa lei?

男：ジュンコ、イタリア語学校のクラスはどう？

女：とても楽しいクラスよ。いつも話しているスペイン人の男の子がいるから。

男：ほかの人たちは、どこの出身？

女：2人のスイス人の女の子たちと、アメリカ人の男性がいるわ。

質問：彼女のクラスには、彼女を含めて、何人の生徒がいますか？

1）4人　2）5人　3）6人

N3 1 041

D: Hai fratelli, Luca?

U: Sì, ne ho due: una sorella maggiore e un fratello.

D: Cosa fa tua sorella? Lavora?

U: Sì, lavora per conto suo facendo la giornalista. Abita sempre qui a Torino, ma da sola.

D: Ho capito. E tuo fratello quanti anni ha?

U: Come me, siamo gemelli.

DOMANDA: Con chi abita sua sorella?

女：ルカ、ご兄弟はいるの？

男：うん、2人いるよ。姉と弟だ。

女：お姉さんはなにをしているの？　働いているの？

男：うん、フリーのジャーナリストをしている。ここトリノに住んでいるけれど、一人暮らしをしているよ。

女：なるほどね。で、弟さんは何歳？

男：ぼくと同じだよ、双子なんだ。

質問：彼の姉は、誰と住んでいますか？

1）誰とも（住んでいない）

2）彼女の両親と

3）彼女の双子の兄弟と

avere の活用（直説法）

	現在	半過去	未来
io	ho	avevo	avrò
tu	hai	avevi	avrai
lui / lei	ha	aveva	avrà
noi	abbiamo	avevamo	avremo
voi	avete	avevate	avrete
loro	hanno	avevano	avranno

写真を見ながら

家族、親戚の人たち ………………………… 家族構成

それぞれの会話が示している人を、写真の a ～ k で答えましょう。「私」は c です。

042～047

N1 042 ____________

N2 043 ____________

N3 044 ____________ ____________

N4 045

madre: ____________

zia: ____________

N5 046 ____________

N6 047 ____________

リスニングのポイント

N1 fila は「列」、seconda fila で「2 列め」。terzo「3 番め」、da destra「右から」⟷ da sinistra「左から」。

N2 質問を聞き取りましょう。
Chi è quello che sta __________ _____ _________?
cugino は「男性のいとこ」、cugina は「女性のいとこ」。zio「おじ」、zia「おば」。coetaneo は「同い年の」。

N3 場所を表す表現です。短い単語が並んでいますが、聞き取ってみましょう。
I miei nonni sono _____ ______ _____ ______ loro figli.

N4 話題は terza fila「3 列め」ですね。Angela という人は la moglie di zio Antonio です。

N5 Gianni は N2 に出てきた「いとこ」です。l'ultimo a sinistra は「いちばん左」、prima fila は「1 列め」。nipotino は nipote「甥、姪、孫」に縮小辞 -ino が連結したもので、「幼い」というニュアンスが出ます。

N6 聞き取ってみましょう。N2、N5 の表現も使われています。
Luca è _____ _____ , ______ _____ , _____ ______ sua moglie ...

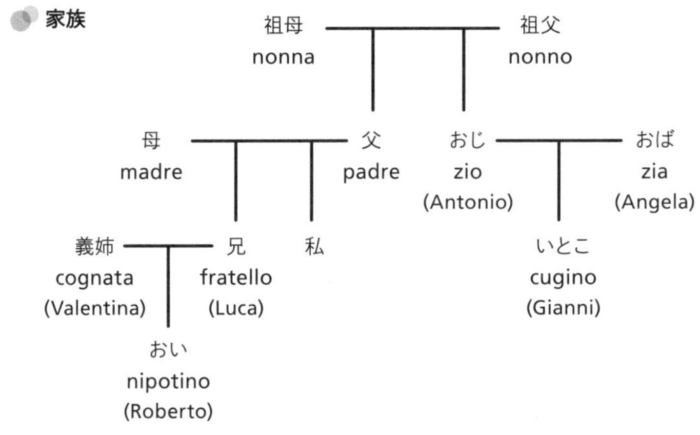

解答 & スクリプト

N1 g 042

D: Guarda questa foto. Qui ci sono io e gli altri sono la mia famiglia ed i miei parenti.

U: Qual è tuo padre?

D: È nella seconda fila, il terzo da destra.

女：この写真を見て。ここに私がいて、そのほかの人たちは私の家族と親戚たちなの。

男：どれが、きみのお父さん？

女：2列めの右から3番目よ。

N2 b 043

U: Chi è quello che sta accanto a te?

D: È mio cugino, Gianni. Il figlio dello zio Antonio. Sai, siamo coetanei.

男：きみの隣にいる男性は、だれ？

女：いとこのジャンニ。アントニオおじさんの息子よ。私たちは、同い年なの。

N3 f/i 044

D: I miei nonni sono ai due lati dei loro figli.

女：私の祖父母は、彼らの子どもの両脇にいるわ。

N4 madre: k, zia: j 045

U: Invece quelle che stanno nella terza fila?

D: Quella a destra è mia madre e quella a sinistra è la moglie di zio Antonio, Angela.

男：では、3列めにいる人たちは？

女：右の女性が私の母で、左の女性がアントニオおじさんの妻のアンジェラよ。

N5 a 046

U: Chi è quel ragazzo che sta accanto a Gianni, l'ultimo a sinistra della prima fila?

D: È il mio nipotino che si chiama Roberto, il figlio di mio fratello.

男：ジャンニの隣、1列めのいちばん左にいる男の子は、だれ？

女：私の甥っ子のロベルト。兄の息子なの。

N6 d 047
U: E tuo fratello dov'è?
D: Luca è accanto a me, a destra, insieme a sua moglie Valentina.

男：きみのお兄さんは、どこ？
女：ルカは私の右横、彼の妻ヴァレンティーナといっしょにいるわ。

基数と序数（ローマ数字）

0	zero		
1	uno	primo	I
2	due	secondo	II
3	tre	terzo	III
4	quattro	quarto	IV
5	cinque	quinto	V
6	sei	sesto	VI
7	sette	settimo	VII
8	otto	ottavo	VIII
9	nove	nono	IX
10	dieci	decimo	X
11	undici	undicedimo	XI
12	dodici	dodicesimo	XII
13	tredici	tredicesimo	XIII
14	quattordici	quattordicesimo	XIV
15	quindici	quindicesimo	XV
16	sedici	sedicesimo	XVI
17	diciassette	diciassettesimo	XVII
18	diciotto	diciottesimo	XVIII
19	diciannove	diciannovesimo	XIX
20	venti	ventesimo	XX

序数は形容詞なので、語尾が変化します。
11 以降の序数は、基数詞の最後の母音を消去して、-esimo にします。

Lezione 6 どこに置いたっけ？

部屋、家具の名称と場所 ……………… ものの位置

Ⅰ 会話を聞いて、適切なイラストを選びましょう。 048～050

N1 048

a 

b 

c 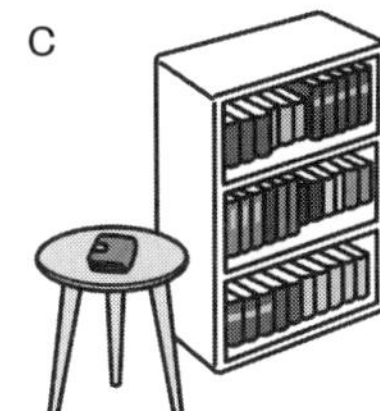

N2 049

a 

b 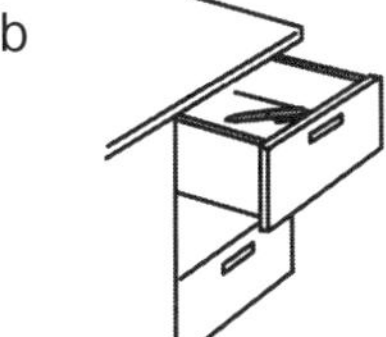

c 

N3 050

a 

b 

c 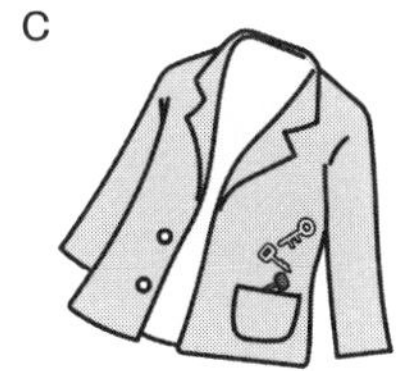

N1  048 ______

N2  049 ______

N3  050 ______

Ⅱ 会話に続いて、質問が読まれます。その答えとして正しいものを 1) ～ 3) のなかから、ひとつ選びましょう。 051～053

N1 051

1) Le ha trovate in cucina.
2) Le ha trovate in camera sua.
3) Le ha trovate nell'ingresso.

N2 052

1) Gli occhiali da sole.
2) La custodia.
3) Gli occhiali da sole con la custodia.

N3 053

1) Ce l'ha Luigi.
2) Ce l'ha la mamma.
3) Ce l'ha Calvino.

リスニングのポイント

Ⅰ

N1 ecco に直接目的語の代名詞を連結して、「ほら（見つけた）〜だ」。場所を示す前置詞を聞き取りましょう。
Ah, eccolo ___ tavolino _______ ___ divano.

N2 biro は女性名詞です。nel cassetto「引き出しの中」、della scrivania「デスク、書き物机の」。最後のフレーズの過去分詞の語尾は、聞き取れましたか？　数量を表す ne ですが、ここでは biro（女性名詞・単数）の代名詞なので、過去分詞の語尾が変化して trovata になっています。

N3 冒頭は〈stare の現在＋ジェルンディオ〉で現在進行形です。
女性のフレーズを聞き取りましょう。前置詞、あるいは定冠詞つき前置詞に要注意。
Hai controllato bene ____ _______ ____ o ____ _______ , o ______ _______ ______ _______ che portavi ieri sera?
che portavi の che は関係代名詞。先行詞は giacca で「きみが着ていた」。
最後の Se non ci fossi tu! は、仮定文の条件節「もし〜なら」が感嘆文のようになっています。fossi は essere の接続法半過去、2人称単数形。「いなかったら」＝現実に反する仮定。

Ⅱ

N1 Ah, eccole!（eccole の le は、直接目的語 le chiavi の代名詞）のあとがポイントです。
（直接目的語の代名詞） ho （過去分詞、語尾に注意）
__________________.
代名詞は小さな単語なので、はじめは聞き取りにくいです。何度も繰り返し聞いて、慣れましょう。

N2 Non ce li hai? の li は、occhiali（男性名詞・複数）の代名詞（直接目的語）。custodia を持ってはいるのですが、però è vuota です。形容詞 vuoto は「空の」。custodia を修飾しています。

N3 最初のフレーズの動詞、avevo messo の時制は大過去（ある過去より、以前に完了した動作）で「置いておいた」。なにをかというと il libro。関係代名詞 che 以下が補足説明で、devo restituire a Luigi「ルイジに返さなければならない」。でも、その本が… を聞き取りましょう。ma ____ ________. 動詞の原形は sparire「消える」。Dov'è finito? の finire は自動詞「なくなる、消える」。Calvino は作家の名前です。そのあとが、質問の答えになりますね。聞いてみましょう。Adesso ____ ____ ________ ____ __________.
〈il libro の代名詞〉＋〈stare ＋ジェルンディオ〉＋〈主語〉という構造です。

場所の前置詞

解答 & スクリプト

N1 a 048

U: Dove ho lasciato il mio portafoglio? Ah, eccolo sul tavolino accanto al divano.

男：どこに財布を置いたっけ？　あ、あった。ソファの横のサイドテーブルの上だ。

N2 b 049

U: La biro, la biro... dov'è? In tasca non c'è.

D: Guarda nel cassetto della scrivania.

U: Ah, sì. Ne ho trovata una.

男：ボールペン、ボールペン…　どこだ？　ポケットにはないし。
女：デスクの引き出しを見てみたら。
男：ああ、あった。1本、見つけたよ。

N3 c 050

D: Cosa stai facendo?

U: Sto cercando le chiavi di casa.

D: Hai controllato bene in camera tua o in salotto, o nella tasca della giacca che portavi ieri sera?

U: Aspetta... Eccole! Brava! Se non ci fossi tu!

女：なにをしているの？
男：家の鍵を探しているんだ。
女：あなたの部屋とかリビングとか、昨日着ていたジャケットのポケットを、ちゃんと探してみた？
男：待って…　あった！　きみはすごいな！　もし、きみがいなかったら…

N1 3 051

U: Mamma, non hai visto le mie chiavi? In camera mia non ci sono.

D: Hai cercato anche in cucina?

U: Ah, eccole! Le ho trovate nell'ingresso.

DOMANDA: Dove ha trovato le chiavi?

男：お母さん、ぼくの鍵を見なかった？　ぼくの部屋には、ないんだよ。
女：キッチンも探した？
男：あ、あった！　玄関にあったよ。
質問：鍵を、どこで見つけましたか？
1）キッチンで見つけた。
2）彼の部屋で見つけた。
3）玄関で見つけた。

N2　2　052

D: Dove sono i miei occhiali da sole?
U: Non ce li hai?
D: No. Questa è la custodia. Però è vuota.
DOMANDA: Che cosa ha lei?

女：私のサングラスは、どこかしら？
男：持ってないの？
女：いいえ。これはケースなの。でも空なのよ。
質問：彼女はなにを持っていますか？
1）サングラス
2）ケース
3）ケースに入ったサングラス

N3　2　053

D: È strano, avevo messo qui il libro che devo restituire a Luigi, ma è sparito. Dov'è finito?
U: Che libro è? Quello di Calvino?
D: Sì, esattamente. L'hai visto? Dov'è?
U: Adesso lo sta leggendo la mamma.
DOMANDA: Dov'è il libro?

女：おかしいな、ルイジに返さなくちゃならない本をここに置いておいたんだけれど、消えちゃったわ。どこへ行ったのかしら？
男：どの本？　カルヴィーノの？
女：まさしく、それよ。見かけた？　どこで？
男：今、お母さんが読んでるよ。
質問：本はどこですか？
1）ルイジが持っている。
2）お母さんが持っている。
3）カルヴィーノが持っている。

誕生日は、いつ？

年月日 ……………………………… カレンダーの数字

Ⅰ 会話で示されている日付、曜日はどれでしょう？ 054〜057

N1 054

1) 15日　2) 14日　3) 16日

N2 055

1) 火曜日　2) 水曜日　3) 木曜日

N3 056

1) 1998年3月11日
2) 2001年5月11日
3) 2011年5月12日

N4 057

1) 7月9日　2) 7月3日　3) 7月12日

N1 054 ＿＿＿＿　N2 055 ＿＿＿＿　N3 056 ＿＿＿＿　N4 057 ＿＿＿＿

Ⅱ 会話に続いて、質問が読まれます。その答えとして正しいものを1)〜3)のなかから、ひとつ選びましょう。 058〜059

N1 058

1) Il 24 febbraio.　2) Il 17 febbraio.　3) Il 14 ottobre.

N2 059

1) Nel 1979.　2) Nel 1989.　3) Nel 1990.

N1 058 ＿＿＿＿　N2 059 ＿＿＿＿

リスニングのポイント

I

N1 「今日は何日？」と尋ねる疑問文の直訳は「私たちは、それ（日数）をいくつ持っているか？」。数字を覚えるには、スペルアウトできるようになるのが早道です。数詞→ 38 ページ参照

N2 曜日を尋ねる疑問文です。

曜日（語頭は小文字）

月	lunedì	火	martedì	水	mercoledì
木	giovedì	金	venerdì	土	sabato
日	domenica				

N3 疑問文の主語は tua sorella、動詞は è nata（nascere「生まれる」の近過去。助動詞が essere なので、過去分詞の語尾が主語の性数に一致）。
季節→ 48 ページ参照

N4 返答の最初の日時が出発する日ですね。その後を聞き取りましょう。
Oggi è ____ _______, quindi ____ _______ giorni.
〈前置詞＋期間の表現〉→ 48 ページ参照

II

N1 segno は「星座」。Di che segno sei? で「きみの星座は？」と尋ねています。問題文の動詞（過去分詞の語尾）および主語（文の最後の単語）を、しっかり聞き取りましょう。
星座→ 48 ページ参照

N2 疑問文の動詞は vi siete sposati。原形は sposarsi「結婚する」、主語が voi で、近過去です。〈nel ＋西暦〉で「〜年に」。その次を聞き取りましょう。
E _______ _______ è nata mia figlia, che ...
関係代名詞 che 以下は、mia figlia が主語です。聞き取りましょう。
... che ____ _____ _______ quando _______ 22 anni.
過去の年齢表現には avere を半過去で使います。Per caso「偶然」、la stessa età「同じ年齢」。

解答 & スクリプト

I

N1 2 🎧054
D: Oggi quanti ne abbiamo?
U: Ne abbiamo 14.

女：今日は何日？
男：14 日だよ。

N2 2 🎧055
U: Che giorno è oggi?
D: È mercoledì.

男：今日は何曜日？
女：水曜日よ。

N3 2 🎧056
D: Quando è nata tua sorella?
U: L'undici maggio del 2001.

女：あなたのお姉さん（妹さん）は、いつ生まれたの？
男：2001 年の 5 月 11 日。

N4 3 🎧057
U: Quando parti per le vacanze?
D: Il 12 luglio. Oggi è il 9, quindi fra 3 giorni.

男：いつ休暇に発つの？
女：7 月 12 日。今日は 9 日だから、3 日後だわ。

II

N1 1 🎧058
U: Di che segno sei?
D: Sono dei Pesci. Il mio compleanno è il 24 febbraio.
U: E tuo fratello?
D: Lui è nato il 17 ottobre, è della Bilancia.
DOMANDA: Quando è nata lei?

男：きみは何座？
女：魚座。私の誕生日は2月24日よ。
男：きみの弟さん（お兄さん）は？
女：彼は10月17日生まれだから、天秤座。
質問：彼女は、いつ生まれましたか？
1）2月24日　2）2月17日　3）10月17日

N2 3 059

U: Quando vi siete sposati, Laura?
D: Nel 1989. E l'anno dopo è nata mia figlia, che si è sposata quando aveva 22 anni. Per caso anch'io avevo la stessa età quando mi sono sposata.
DOMANDA: Quando è nata la figlia di Laura?

男：ラウラ、きみたち（＝きみとご主人）は、いつ結婚したの？
女：1989年よ。その翌年に娘が生まれたの。彼女は22歳で結婚したんだけれど、偶然、私も同じ歳で結婚したの。
質問：ラウラの娘は、いつ生まれましたか？
1）1979年　2）1989年　3）1990年

季節

春	primavera（女性名詞）	夏	estate（女性名詞）
秋	autunno（男性名詞）	冬	inverno（男性名詞）

月の名前（語頭は小文字）

1月	gennaio	2月	febbraio	3月	marzo
4月	aprile	5月	maggio	6月	giugno
7月	luglio	8月	agosto	9月	settembre
10月	ottobre	11月	novembre	12月	dicembre

星座（語頭は大文字）

牡羊座	Ariete	牡牛座	Toro	双子座	Gemelli
蟹座	Cancro	獅子座	Leone	乙女座	Vergine
天秤座	Bilancia	蠍座	Scorpione	射手座	Sagittario
山羊座	Capricorno	水瓶座	Acquario	魚座	Pesci

Lezione 8

道を尋ねる

方向、位置、目印 ……………………………… 道順の表現

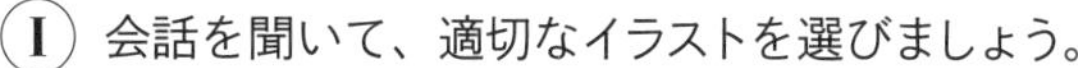

Ⓘ 会話を聞いて、適切なイラストを選びましょう。 060〜062

N1 060

a

b

c

N2 061

a

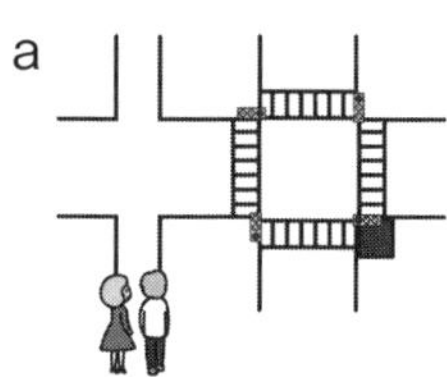

b

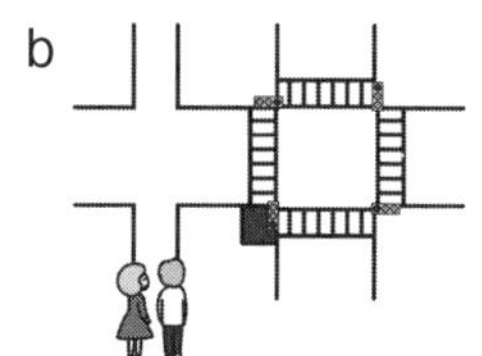

c

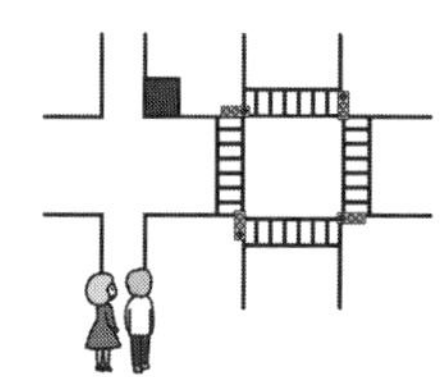

N3 062

a

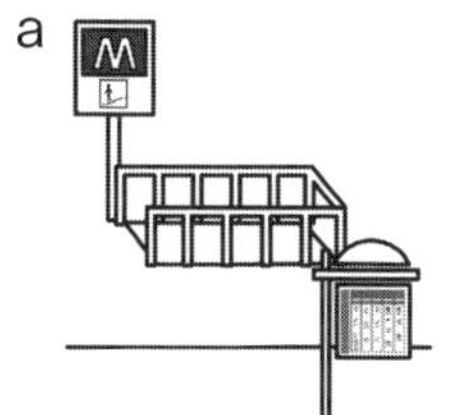

b

c

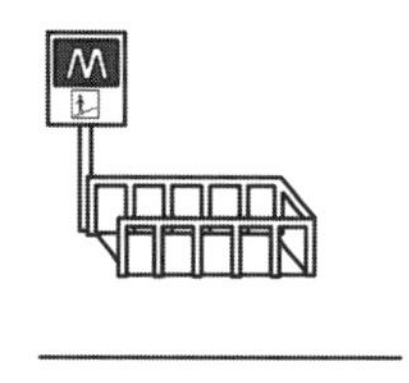

N1 060 ____________

N2 061 ____________

N3 062 ____________

Ⅱ バルバラの家までの地図です。行き方を聞いて、目印の a ～ c が何かを聞き取りましょう。また via Roma は①～③のどの通りでしょう？

063

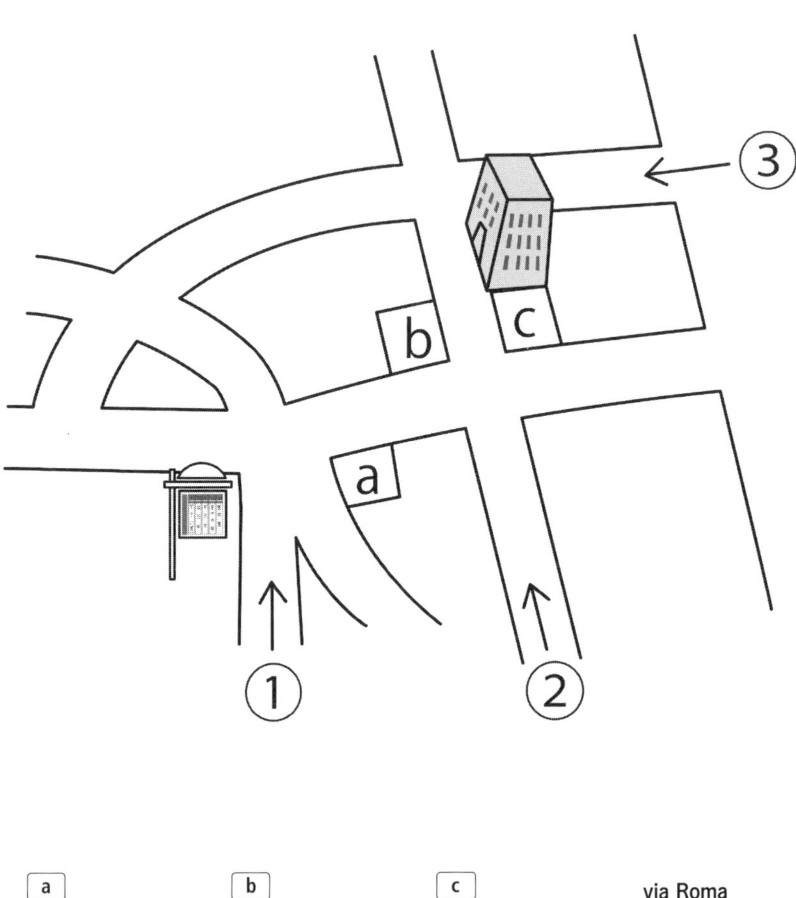

a ＿＿＿＿＿＿　b ＿＿＿＿＿＿　c ＿＿＿＿＿＿　via Roma ＿＿＿＿＿＿

リスニングのポイント

I

N1 Senta! は動詞 sentire「聞く」の Lei に対する命令法で「聞いてください」＝「あのう、すみませんが…」。人を呼び止めるときに使います。qui vicino「この近くに」。guardi は動詞 guardare「見る」の Lei に対する命令法で「見てください」＝相手の注意を促して「ほら、いいですか」。最後のフレーズを聞き取りましょう。

Il bar _____ _______ il supermercato.

→場所の前置詞（42 ページ参照）

N2 il cinema「映画館」、-a で終わる男性名詞です。では、道順を聞き取ってみましょう。

Allora, _______ ___ ___________ a quell'incrocio e _______ un pochino più _______.

Attraversi un altro _______ grande col _______, il cinema è lì _______ .

un pochino は un poco「少し」の縮小形で「ほんの少し」。

N3 Mi sa dire ...? は「あなたは私に、〜を言うことができますか？」＝「教えていただけますか？」。キーとなるセリフを聞き取ります。

È ________ _______ ________ del metrò.

laggiù は「あそこ」。la vede? の la は、直接目的語 la stazione（女性名詞・単数）の代名詞「それを」。

II

「何番め」のバス停かを聞き取ります。

Prendi l'autobus alla stazione, il quattro, __________ ________ ________ fermata.

次のフレーズは、Dalla fermata si può __________ subito ______ __________ .

si può ... は「受身の si」で「見える」。

それから Prendi la strada ____ ________ ______ chiesa

さらに dopo 20 metri _____ ________, proprio _______ _______ via Roma, _____ _____ tabaccaio.

そして Gira ___ _______ a quell'angolo e subito dopo _______ ________ c'è il nostro appartamento.
最後の Non puoi sbagliare は「きみは、間違えることができない」＝「必ずわかる、簡単だ」。

場所の表現

Il bar è vicino al supermercato.	vicino a ...	〜の近くに
Il bar è lontano dal supermercato.	lontano da ...	〜の遠くに
Il bar è davanti al supermercato.	davanti a ...	〜の前に
Il bar è dietro il supermercato.	dietro ...	〜の裏に
Il bar è di fronte al supermercato.	di fronte a ...	〜の前に
Il bar è accanto al supermercato.	accanto a ...	〜の隣に
Il bar è fra il supermercato e la banca.	fra A e B	ＡとＢの間に
Il bar è a destra/sinistra del supermercato.	a destra/sinistra di ...	〜の右に／左に
Il bar è oltre il supermercato.	oltre ...	〜の向こうに

道案内の表現

andare dritto	直進する
andare di qui / lì	ここ／あそこを通る
andare lungo la strada	道に沿って進む
andare verso ...	〜のほうへ行く
attraversare	渡る
girare a destra / a sinistra	右に／左に曲がる
girare all'angolo	角を曲がる
girare al secondo angolo	2番めの角を曲がる
prendere quella strada	あの道に入る
entrare in questa traversa	この横道に入る
seguire la strada	道に沿って行く
proseguire dritto	まっすぐ進む
proseguire a destra / a sinistra	右に／左に進行する
continuare fino a ...	〜まで進む

解答 & スクリプト

N1 c 060

U: Senta, c'è un bar qui vicino?

D: Sì, guardi, lì c'è un supermercato, no? Il bar è dietro il supermercato.

男：あのう、この近くにバールはありますか？

女：はい、ほら、あそこにスーパーがあるでしょう？　バールは、そのスーパーの裏です。

N2 a 061

D: Mi scusi, sto cercando il cinema Odeon.

U: Il cinema Odeon... Allora, giri a destra a quell'incrocio e vada un pochino più avanti. Attraversi un altro incrocio grande col semaforo, il cinema è lì all'angolo.

女：すみません、オデオン座を探しているのですが。

男：オデオン座…　それなら、あの交差点で右に曲がって、ほんの少し先へ行ってください。信号のある、もうひとつの大きな交差点を渡ると、映画館はそこ、その角にあります。

N3 a 062

D: Mi sa dire dov'è la fermata dell'autobus per la stazione Termini?

U: È davanti alla stazione del metrò. La stazione è laggiù, la vede? Se va lì, trova subito la fermata.

女：テルミニ駅行きのバス停は、どこでしょうか？

男：地下鉄の駅の前ですよ。駅はあそこです、見えますか？　あそこに行けば、バス停はすぐにわかりますよ。

II 063

a: chiesa

b: tabaccaio

c: edicola

via Roma: ②

D: Allora, ti spiego come devi fare per arrivare al nostro appartamento. Prendi l'autobus alla stazione, il quattro, e scendi alla quinta fermata. Dalla fermata si può vedere subito una chiesa. Prendi la strada a sinistra della chiesa e dopo 20 metri sulla sinistra, proprio all'angolo con via Roma, c'è un tabaccaio. Gira a sinistra a quell'angolo e subito dopo sulla destra c'è il nostro appartamento. Non puoi sbagliare perché accanto all'appartamento c'è un'edicola. Va bene?

女：私たちのアパートに着くにはどうすればいいか、説明するわ。駅で4番バスに乗って、5番めのバス停で降りるの。バス停からは、すぐに教会が見える。その教会の左の道を入って、20メートルほど行くと左側、ローマ通りとの角にタバコ屋さんがあるの。その角を左に曲がって、すぐ右側が私たちのアパートよ。アパートの隣に新聞スタンドがあるから、簡単よ。いいわね？

方向を示す表現

lassù　あの上のほうに
laggiù　あの下のほうに

目印、その他

piazza　広場
angolo　角
via　通り
viale　（都会の広い）並木道
vialetto　（庭園や公園の）小道
vicolo　路地
corso　（商店などが並ぶ市内の）大通り
incrocio　交差点
semaforo　信号
ponte　橋
attraversamento pedonale / strisce pedonali　横断歩道
sottopassaggio　地下道
cavalcavia　陸橋

今、何時？

現在時刻、開・閉店時間 …………………… 時刻の数字

I 何時でしょう？

064〜068

N1 064

1) 3:15　2) 3:04　3) 3:12

N2 065

1) 1:05　2) 1:15　3) 12:55

N3 066

1) 22:16　2) 22:17　3) 20:22

N4 067

1) 7:45　2) 7:15　3) 7:13

N5 068

1) 6:30　2) 7:30　3) 5:30

N1 064	N2 065	N3 066	N4 067	N5 068
______	______	______	______	______

Ⓘ 会話に続いて、質問が読まれます。その答えとして正しいものを 1) ～ 3) のなかから、ひとつ選びましょう。

N 1 069

DOMANDA 1

□ 1) È passato circa quindici minuti fa.
□ 2) È passato circa quattro minuti fa.
□ 3) È passato circa cinque minuti fa.

DOMANDA 2

□ 1) Verso le sei, fra un'oretta.
□ 2) Verso le sette, fra una mezz'oretta.
□ 3) Verso le sette, fra un'oretta.

N 2 070

DOMANDA 1

□ 1) A mezzanotte.
□ 2) All'una.
□ 3) Alle sei e mezzo.

DOMANDA 2

□ 1) Alle nove.
□ 2) Alle sei e mezzo.
□ 3) Alle sette e mezzo.

N3 071

DOMANDA 1

- ☐ 1) Sono le 7 e 45.
- ☐ 2) Sono le 7 e 15.
- ☐ 3) Sono le 8 e 30.

DOMANDA 2

- ☐ 1) 2 minuti.
- ☐ 2) 15 minuti.
- ☐ 3) 5 minuti.

リスニングのポイント

Ⅰ

N1 「○時○分です」は、「時 e 分」。

N2 「○時○分前」は、「時 meno 分」。「1時」は単数名詞と考えます。定冠詞、動詞に気をつけましょう。

N3 乗り物の出発時間などには、24 時間方式が使われます。

N4 15 分　un quarto（1/4）
30 分　mezzo / mezza（半分）
45 分　tre quarti（3/4）

N5 24 時間方式の場合、meno ..., un quarto, mezzo / mezza などの表現は使いません。

Ⅱ

N1 最初の質問は è già passato l'autobus numero sedici?「すでに通り過ぎたか？」。答えを聞き取りましょう。
Sì, è passato circa ______ __________ ______.
その次の質問は Quando arriverà il prossimo?「いつ、次のが来るか？」
その答えは Arriverà ______ ___ ______ , ______ un'oretta.
un'oretta は〈ora ＋縮小時 -etta〉で「小1時間」。

N2 最初の質問は、stanotte「昨夜」の就寝時刻です。stanotte の訳語は、近過去時制のフレーズでは「昨夜」、未来または現在時制のフレーズでは「今夜」となります。normalmente「ふだんは」と違う時刻に就寝しました。ci sono andato の ci は、前述の場所 a letto を指します。そのあとをしっかり聞き取りましょう。なぜ、その時間に就寝したかというと ero molto stanco「ぼくはとても疲れていた」。半過去時制を使って、過去の状態を表しています。

次の質問は起床時間についてです。まず再帰動詞 svegliarsi「目覚める」の近過去で mi sono svegliato una volta _____ ____ _____ _____, だったのですが、再帰動詞 addormentarsi「寝入る」に ri- がついて riaddormentarsi「再び寝入る」、近過去で mi sono riaddormentato。
結局、「起床した」のは mi sono alzato _____ _____.

N 3 最初の質問ではまず現在時刻を確認しましょう。
Sono già __ ___ __ __ _____.　副詞 già は「すでに、もう」。
次の質問では、以下の男性のフレーズを聞き取りましょう。
Lo spettacolo comincia ____ _____ ____ ________, ma ________ ____ andare a teatro vorrei passare Marco.
ここで公演の開始時刻がわかりますが、「その前にマルコのところに立ち寄りたい」と言っています。そこでは ci metto solo due minuti「(ぼくは)たった 2 分しかかけない」=「用事は、すぐに済む」。そのあとのフレーズをしっかりとらえましょう。
Fino a casa di Marco（マルコの家までは）______ ________ _____ _____ _______ a piedi です。そして prendendo la metro「地下鉄に乗れば」da lì「そこから」＝「マルコの家から」arriveremo in 10 minuti「(私たちは劇場に) 10 分で到着するだろう」。

解答 & スクリプト

I

N1 1 064

U: Sono le tre e un quarto.

男：3時15分です。

N2 3 065

U: È l'una meno cinque.

男：1時5分前です。

N3 2 066

U: Sono le ventidue e diciassette.

男：22時17分です。

N4 1 067

U: Sono le sette e tre quarti.

男：7時45分です。

N5 3 068

U: Sono le diciassette e trenta.

男：17時30分です。

N1 069

D: Scusi, è già passato l'autobus numero sedici?
U: Sì, è passato circa cinque minuti fa.
D: Quando arriverà il prossimo?
U: Arriverà verso le sette, fra un'oretta.
DOMANDA 1: Quando è passato il sedici?
DOMANDA 2: Quando arriverà il prossimo?

女：すみませんが、16番バスはもう行ってしまいましたか？
男：ええ、約5分前に通りました。
女：次のは、いつごろ来ますか？
男：7時ごろ、つまり小1時間後に来ます。
問1：16番バスは、いつ通りましたか？

問 2：次のバスは、いつ到着しますか？

DOMANDA 1　3

1）約 15 分前に通った。
2）約 4 分前に通った。
3）約 5 分前に通った。

DOMANDA 2　3

1）6 時ごろ、つまり小 1 時間後。
2）7 時ごろ、つまり約 30 分後。
3）7 時ごろ、つまり小 1 時間後。

N2 070

D: Hai sonno? A che ora ti sei alzato?

U: Guarda, normalmente vado a letto all'una, ma stanotte ci sono andato a mezzanotte, perché ero molto stanco. Mi sono svegliato una volta alle 6 e 30, poi mi sono riaddormentato e mi sono alzato alle 9. Adesso ho mal di testa.

DOMANDA 1: Stanotte a che ora è andato a letto Gianni?

DOMANDA 2: A che ora si è alzato?

女：眠いの？　何時に起きたの？

男：それがさ、ふだんは 1 時に寝るんだけれど、昨晩はとても疲れていたので 12 時に寝たんだ。6 時半に一度、目が覚めて、それからまた寝てしまって 9 時に起きた。今、頭が痛いんだ。

問 1：昨晩、ジャンニは何時に寝ましたか？

問 2：何時に起きましたか？

DOMANDA 1　1

1）真夜中＝ 12 時に。
2）1 時に。
3）6 時半に。

DOMANDA 2　1

1）9 時に。
2）6 時半に。
3）7 時半に。

N3 071

U: Anna, a che ora possiamo uscire? Sono già le 7 e un quarto.

D: Dopo questo lavoretto, fra 15 minuti circa. Non è un problema, no?

U: Credo di no. Lo spettacolo comincia alle 8 e mezzo, ma prima di andare a teatro vorrei passare da Marco.

D: Da Marco? Perché?

U: Devo restituirgli un libro, ci metto solo due minuti. Fino a casa di Marco ci vogliono solo 5 minuti a piedi, e prendendo la metro da lì arriveremo in 10 minuti. Quindi se possiamo uscire fra 15 minuti come hai detto tu, siamo in tempo per lo spettacolo.

DOMANDA 1: Che ore sono?

DOMANDA 2: Quanto tempo ci vuole per andare da Marco?

男：アンナ、（ぼくたちは）何時に出かけられる？　もう7時15分だよ。

女：このちょっとした仕事を片付けて、だいたい15分後には出られるわ。大丈夫よね？

男：うん、そうだね。公演は8時30分開始だから。でも劇場に行く前にマルコのところへ寄りたいんだ。

女：マルコのところ？　どうして？

男：彼に本を返さないと。すぐに済むよ。マルコの家までは歩いて5分しかかからない。そこから地下鉄に乗れば、10分で着く。だから、きみが言うように、15分後に出られれば、ぼくたちは公演に間に合うよ。

問1：いま、何時ですか？

問2：マルコのところへ行くのに、どのくらいの時間がかかりますか？

DOMANDA 1　2

1）7時45分。

2）7時15分。

3）8時30分。

DOMANDA 2　3

1）2分。

2）15分。

3）5分。

volerci と metterci

volerci（時間やお金が）かかる

主語は、「時間」や「お金」で、「人」ではありません。

したがって、3人称の単数形・複数形のみで使います。

ci vuole　　＋単数名詞（＝主語）

ci vogliono ＋複数名詞（＝主語）

metterci（時間やお金を）かける

主語は「人」で、「時間」や「お金」は直接目的語（～を）です。

io	ci metto	＋名詞（～を）
tu	ci metti	
lui / lei	ci mette	
noi	ci mettiamo	
voi	ci mettete	
loro	ci mettono	

essere の活用（直説法）

	現在	近過去	半過去
io	sono	sono stato / stata	ero
tu	sei	sei stato / stata	eri
lui / lei	è	è stato / stata	era
noi	siamo	siamo stati / state	eravamo
voi	siete	siete stati / state	eravate
loro	sono	sono stati / state	erano

Lezione 10

スマートデバイス

スマートフォン、パソコン ………………………… IT 用語

Ⅰ 会話を聞いて、内容が正しければ vero、間違っていれば falso にチェックしましょう。 072〜075

N1 072

		vero	falso
1)	L'ingegner Rossi ha già risposto alla mail.	□	□
2)	La signora ha risposto ieri pomeriggio all'ingegner Rossi.	□	□
3)	Il dottore ha già letto la mail della signora.	□	□

N2 073

		vero	falso
1)	La password del Wi-Fi è valida per tutto l'albergo.	□	□
2)	Ogni piano ha la sua password.	□	□
3)	Ogni camera ha la sua password.	□	□

N3 074

		vero	falso
1)	Lui vuole telefonare al ristorante.	□	□
2)	Il menù è fisso.	□	□
3)	Lei usa spesso l'applicazione.	□	□

N4 075

		vero	falso
1)	Lei vuole comprare uno smartphone.	□	□
2)	Lui consiglia un tablet.	□	□
3)	Lui usa il tablet per lavoro.	□	□

II 会話を聞いて、正しいものを選びましょう。 076〜079

N1 076

1) La videoconferenza sarà ...
- ☐ a) alle 10:00.
- ☐ b) alle 10:30.
- ☐ c) questa mattina.

2) La signora ...
- ☐ a) chiederà la disponibilità.
- ☐ b) manderà una mail ai colleghi.
- ☐ c) preparerà un file del progetto.

N2 077

1) La signora vuole prenotare ...
- ☐ a) al telefono.
- ☐ b) al botteghino.
- ☐ c) sul sito.

2) C'è uno sconto sulle prenotazioni ...
- ☐ a) effettuate al telefono con carta di credito.
- ☐ b) effettuate al botteghino con carta di credito.
- ☐ c) effettuate on-line con carta di credito.

N3 078

1) Il telefonino è ...
   - ☐ a) scomodo.
   - ☐ b) nuovo.
   - ☐ c) meraviglioso.

2) Secondo lui il suo telefonino è ...
   - ☐ a) un po' troppo grande.
   - ☐ b) un po' troppo automatico.
   - ☐ c) un po' troppo banale.

N4 079

1) Lui ha visto il film ...
   - ☐ a) al cinema.
   - ☐ b) in DVD.
   - ☐ c) in streaming.

2) Lei preferisce guardare i film ....
   - ☐ a) al cinema.
   - ☐ b) in DVD.
   - ☐ c) sul computer.

3) Lei ha problemi ...
   - ☐ a) con il computer.
   - ☐ b) con il Wi-Fi.
   - ☐ c) con il DVD.

リスニングのポイント

Ⅰ

N1 社内での呼び掛けには、signorina ＝秘書、dottore ＝部長などの上司、ingegnere ＝～さん（工学系の大卒者）などがあります。dottore, ingegnere, professore などに、苗字（あるいは名前）が続くときは、語尾の -e を省略します。また、呼び掛けでないときには定冠詞をつけます。
「電子メール」は女性名詞で、la mail あるいは l'e-mail, l'email, la posta elettronica などと表現します。
秘書が使っている動詞は ho inoltrato ＜ inoltrare「転送する」。Le は間接目的語（敬称）で「あなたに」、la mail が直接目的語で「そのメールを」、つまり「ロッシ技師からのメールを」。

N2 ホテルなどでは、Wi-Fi 用のパスワード（la password、女性名詞）が設定されている場合があります。è possibile avere ... は、〈essere の 3 人称単数形＋形容詞（副詞）＋動詞の原形〉で非人称構文（主語が特定されていない）です。
ecco に直接目的語の代名詞を連結して、「はい（ほら）、～です」。その次を聞き取ってみましょう。Questa è ____ __ ____ _______, in camera sua può trovare quella ____ __ ____ _______.

N3 スマホなどの「アプリ」は女性名詞で applicazione、「クリック」は男性名詞で click（「クリックする」は cliccare）、「ダウンロードする」は scaricare あるいは downloadare（「ダウンロード」は scaricamento あるいは download）です。

N4 男性のセリフを聞き取ってみましょう。
Guarda, secondo me _________ sopratutto _________ che ____ _____ _______.
〈dipendere da ...〉で「～しだいである」。
ne は fare l'uso di ...「～を使う」の「di ＋名詞」を受けています。
〈niente ＋ di ＋形容詞〉で「～なことはない」。

Ⅱ

N1 冒頭の動詞 hanno deciso、秘書の chiedono から、「複数の社員の存在」がわかります。disponibilità は「自由に使えること、空き」あるいは「人の役に立つこと、援助」などの意味がありますが、「ダレダレの」という所有形容詞があるときは「都合」。
in allegato で「添付の」。allegare「同封する、添付する」。

肩書

dottore	部長などの上司、医師、医学博士（略称は dott.）	dottor Rossi
ingegnere	（工学部を卒業した）技師、エンジニア、工学士（ing.）	ingegner Rossi
professore	先生、教授（prof.）	professor Rossi
architetto	建築家（arch.）	architetto Rossi
avvocato	弁護士（avv.）	avvocato Rossi

※語尾に注意（男性のみ）：語尾 -e の場合は、苗字などの固有名詞を続けると -e が削除される。

N2 チケットの予約に関する会話です。
tramite は前置詞で「〜を介して、〜を通じて」。sito はインターネット上の「サイト」のことです。
聞き取ってみましょう。
..., ma è possibile prenotare solo tramite ____ _______ _______ o direttamente _____ ________ del teatro, non _____ ________.

N3 チンクエ・テッレを旅行してきたアンナは、写真を見せるために、彼のスマホにある自分のインスタグラムのプロフィールを見るように勧めています。聞き取ってみましょう。Se hai il telefonino possiamo guardare le foto che ____ __________ ____ ___________.
彼のスマホには顔認証システムがついています。聞いてみましょう。
Guarda, ____ ______ __ _________ _________.
その機能を説明している部分を聞き取りましょう。〈basta ＋動詞の原形〉で「〜すれば十分である」。Basta ________ __ ______ ...
そして e lo schermo _____ _________ automaticamente.

けれども、彼は少し不満があるようです。ci entra の ci は「(前述の場所を示す) 場所の ci」、ここでは in tasca ですね。

N4 映画を、どこで、どのように鑑賞するかについての会話です。
女性は、io piuttosto ______ __________ in DVD と言っていますね。動詞は preferire の条件法を使って、語調を緩和しています。〈preferire ＋動詞の原形〉で「〜するほうがいい」。動詞の原形の最後に、il film（直接目的語）を代名詞にして連結しています。聞き取れましたか？
なぜ DVD のほうがいいかというと、la qualità delle immagini _______ è _______ buona.
聞いてみましょう。È che il router è _____ _________ e in camera mia _____ _________ del Wi-Fi è ________.

解答 & スクリプト

N1 072

U: Signorina, è già arrivata la risposta dell'ingegner Rossi?

D: Sì, dottore. Le ho inoltrato la mail ieri pomeriggio.

男：秘書さん、ロッシ技師からの返信は、もう来ましたか？

女：はい、部長。昨日の午後、（あなたに、そのメールを）転送しました。

1）ロッシ技師は、すでに返信した。 **vero**

2）秘書は、昨日の午後、ロッシ技師に返信した。 **falso**

3）部長は、秘書のメールをすでに読んだ。 **falso**

N2 073

D: Scusi, è possibile avere la password del Wi-Fi?

U: Certo signorina, eccola qui. Questa è per il piano terra, in camera sua può trovare quella per il suo piano.

女：すみません、Wi-Fi のパスワードをいただけますか？

男：もちろんです。はい、こちらです。これが地上階用で、お部屋にお泊りのフロア用のがあります。

1）Wi-Fi のパスワードは、ホテル全体に有効である。 **falso**

2）フロアごとにパスワードがある。 **vero**

3）部屋ごとにパスワードがある。 **falso**

N3 074

D: Guarda, con questa nuova applicazione del telefonino con un paio di click puoi ordinare quello che vuoi.

U: Non lo sapevo! Che comodità, si può anche scaricare il menù! Ordiniamo subito!

女：見て。この新しい携帯（スマホ）アプリを使えば、2、3 回クリックすると、あなたの欲しいものが注文できるのよ。

男：知らなかったよ！　便利だね。メニューもダウンロードできるんだ。すぐに注文してみよう！

1）彼はレストランに電話したい。 **falso**

2）メニューはフィックスである。 **falso**

3）彼女は、このアプリをよく利用している。 **vero**

N4 075

D: Sono proprio indecisa, sarà meglio comprare un tablet o un computer portatile?

U: Guarda, secondo me dipende sopratutto dall'uso che ne vuoi fare.

D: Niente di speciale: controllare la posta elettronica, navigare su internet, magari guardare qualche video a letto...

U: Allora credo che un tablet sia più che sufficiente, magari con uno schermo grande, 10 o 11 pollici.

D: Ma tu usi sempre il portatile, giusto?

U: Sì, ma io lavoro da remoto quasi tutti i giorni, con il tablet sarebbe impossibile!

女：ほんとに決められないわ。タブレットを買うのがいいのか、それともポータブルのコンピュータ（ノートパソコン）のほうがいいのか。

男：それは、きみが求める使い方しだいだと思うよ。

女：たいしたことはしないのよ。メールをチェックしたり、ネットを見てみたり、それから動画をベッドで見るくらいかなあ。

男：それならタブレットで十分すぎるくらいだと思うよ。できれば、画面が10とか11インチの大きいものなら。

女：でも、あなたは、いつもノートパソコンを使っているでしょ？

男：うん、でも僕はほとんど毎日リモートワークをしているんだ。タブレットでは、無理なんじゃないかな。

1）彼女はスマホを買いたい。 **falso**

2）彼はタブレットを勧めている。 **vero**

3）彼は仕事にタブレットを使っている。 **falso**

N1 076

U: Hanno deciso la data della videoconferenza?

D: Sì, con la mail di ieri Le chiedono di confermare la Sua disponibilità per domani mattina alle 10:30.

U: Domani mattina? Signorina, mandi subito una mail a tutti i colleghi con in allegato il file del progetto.

男：リモート会議の日程は、決まりましたか？

女：はい、昨日のメールで、明日の10時30分ではいかがですか、とのことです。

男：明日の午前中？　では、すぐに社員全員にプロジェクトのファイルを添付して送信してください。

1）リモート会議は…　b

a）10時

b）10時30分

c）今朝

2）秘書は…　b

a）都合を尋ねる

b）社員にメールを送信する

c）プロジェクトのファイルを作成する

N2 077

D: Buongiorno, vorrei prenotare due biglietti per sabato.

U: Mi dispiace signora, ma è possibile prenotare solo tramite il nostro sito o direttamente al botteghino del teatro, non al telefono.

D: Ah, è possibile prenotare on-line?

U: Sì. La registrazione al sito è molto semplice, e c'è anche uno sconto del 10% su tutti gli acquisti on-line effettuati tramite carta di credito.

女：こんにちは。土曜日のチケットを2枚、予約したいのですが。

男：申し訳ありませんが、予約は電話ではなく、サイトもしくは直接、劇場のチケット売場でのみ承っています。

女：そうなんですか、オンラインで予約ができますか？

男：はい。サイトの会員登録はとても簡単です。それに、サイト上でチケットをお求めになる場合、クレジットカードで決済すると10%の割引もあります。

1）女性は予約を…　a

a）電話でしたい

b）チケット売場でしたい

c）サイトでしたい

2）割引があるのは…　c

a）電話で予約して、クレジットカードで決済した場合

b）チケット売場で予約して、クレジットカードで決済した場合

c）サイトで予約して、クレジットカードで決済した場合

N3 078

U: Anna, ciao! Com'erano le Cinque Terre? Hai qualche foto?

D: Ah, una meraviglia! Se hai il telefonino possiamo guardare le foto che ho caricato su Instagram.

U: Certo, lo prendo subito.

D: Che bello smartphone! È nuovo?

U: Eh sì, ti piace? Guarda, ha anche il riconoscimento facciale.

D: E che cos'è?

U: Ma come, non lo sai? Basta inquadrare il viso e lo schermo si sblocca automaticamente.

D: Ah, ma è comodissimo!

U: Già, però è così grande che in tasca non ci entra...

男：やあ、アンナ！　チンクエ・テッレはどうだった？　写真、持ってる？

女：素晴らしかったわ！　スマホがあったら、写真を見られるわ。インスタグラムにあげておいたから。

男：うん、すぐにスマホを見てみよう。

女：かっこいいスマホね。新しいの？

男：ああ、いいでしょ？　ほら、顔認証なんだ。

女：それって、なに？

男：え、知らないの？　顔を画面に映すだけで、自動的にブロックが解除されるんだよ。

女：へえ、すごく便利ね！

男：うん。でもスマホが大きすぎて、ポケットに入らないんだ。

1）スマホは…　　**b**

a）使いにくい
b）新しい
c）素晴らしい

2）彼にとっては…　　**a**

a）少し大きすぎる
b）少し自動的すぎる
c）少し平凡すぎる

N4 079

D: Hai visto il nuovo film di Montecchi?

U: Sì, l'ho guardato in streaming dal sito ufficiale.

D: In streaming? Mah, io piuttosto preferirei guardarlo in DVD. In streaming la qualità delle immagini non è sempre buona.

U: Questo perché forse hai una connessione troppo lenta!

D: Ma no, è che il router è in soggiorno e in camera mia il segnale del Wi-Fi è debole.

女：モンテッキの新作映画、見た？

男：うん、公式サイトからストリーミング再生で見たよ。

女：ストリーミングで？　そっか、私はDVDで見るほうがいいな。ストリーミングだと、画像の質がよくないこともあるでしょう。

男：それは、たぶん通信速度が遅すぎるからだよ。

女：違うわ。ルーターがリビングにあるから、私の部屋ではWi-Fiの電波が弱いのよ。

1）彼は映画を見た　**c**

a）映画館で

b）DVDで

c）ストリーミングで

2）彼女は映画を見るほうがいい　**b**

a）映画館で

b）DVDで

c）パソコンで

3）彼女の問題は　**b**

a）パソコンにある

b）Wi-Fiにある

c）DVDにある

IT 用語集

・電子機器

携帯電話・スマホ　un cellulare, un telefonino, uno smartphone
タブレット　un tablet
ポータブル・パソコン（ノートパソコン）　un computer portatile
画面　lo schermo
インチ　il pollice（男性名詞、複数 pollici）
キーボード　la tastiera

・メール関連

電子メール、E メール（女性名詞）
un'e-mail（un'email, una mail, una posta elettronica なども可）
メールをチェックする　controllare la posta elettronica
メールを送信する　inviare un'e-mail
メールを受信する　ricevere un'e-mail
メールに返信する　rispondere a un'e-mail
全員に返信する　rispondere a tutti
メールを転送する　inoltrare un'e-mail
メールを印刷する　stampare un'e-mail
メールを削除する　eliminare / cancellare un'e-mail
送信者をブロックする　bloccare il mittente

・動詞、名詞

クリックする　cliccare, fare click
ダウンロードする
downloadare, scaricare > il download, lo scaricamento
アップロードする
uploadare, caricare > l'upload, il caricamento
（アプリを）インストールする
installare un'applicazione（あるいは un'app）
（アプリを）アンインストールする　disinstallare un'app
登録する、ログインする　registrarsi, accedere, fare il login
アカウントを作成する　creare un account

プロフィールを作成する　creare un profilo
ネットサーフィンする（いろいろなサイトを閲覧する）
navigare su internet
リモートワークをする
lavorare da remoto, lavorare a distanza
リモートワーク　lavoro da remoto, lavoro a distanza
リモート授業　didattica a distanza（略称 DAD）
ビデオ会議　videoconferenza, riunione video
ビデオ会議に参加する
partecipare a una videoconferenza, partecipare a una riunione video
ウェブカメラを装着する　accendere la webcam
ストリーミング再生で　in streaming
接続、通信、通信速度　la connessione
ルーター　il router
モバイル Wi-Fi　il (router) Wi-Fi portatile
Wi-Fi の電波　il segnale del Wi-Fi
オンデマンド・ストリーミング・サービス
servizio di streaming on demand
データ制限を超える　raggiungere / superare il limite dei dati
公式サイト　il sito ufficiale

Lezione 11

買い物に行って！

買うものと買わないもの …………………… 食料、日用品

Ⅰ キッチンにある食材は、どれでしょう？ 🎧 080〜082

N1 🎧 080

a

b

c

N2 🎧 081

a

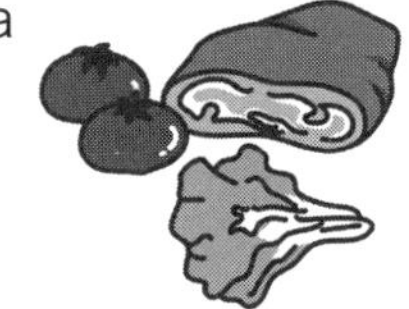

b

c

N3 🎧 082

a

b

c

N1  🎧 080 ____________

N2 🎧 081 ____________

N3 🎧 082 ____________

Ⅱ 買うもの、あるいは買ってきたものは、なんでしょう？　下のイラストから選びましょう（複数の場合は、すべて挙げてください）。 083〜085

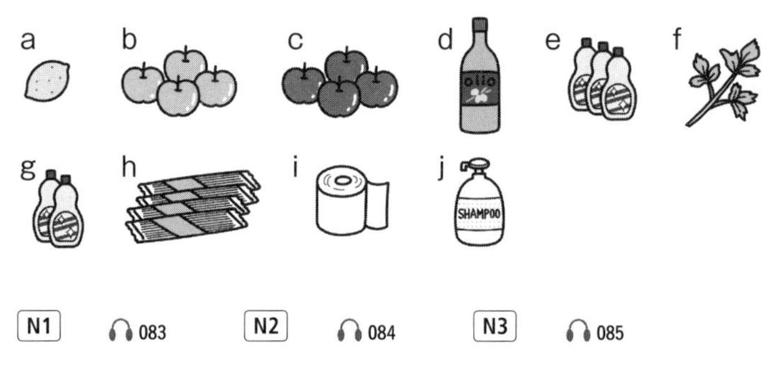

N1 083 ＿＿＿＿＿＿

N2 084 ＿＿＿＿＿＿

N3 085 ＿＿＿＿＿＿

Ⅲ 会話を聞いて、内容が正しければ vero、間違っていれば falso にチェックしましょう。 086〜088

N1 086

	vero	falso
1) La signora preferisce il prosciutto dolce.	□	□
2) Compra 300 grammi di prosciutto.	□	□
3) Compra solo salumi.	□	□

N2 087

1) Lo zucchero a velo è in fondo a destra.	□	□
2) Il signore vuole comprare dei biscotti.	□	□

N3 088

1) La signora ha comprato tre melanzane.	□	□
2) Voleva dell'uva nera.	□	□
3) Ha preso sia dei pomodori che delle mele rosse.	□	□

リスニングのポイント

Ⅰ

N1 冠詞を聞き取りましょう。C'è ____ litro di latte e _______ yogurt.
2番めの下線は〈di ＋定冠詞（単数形）〉で、数えられないものの量を表す「いくらかの」。
もうひとつ、聞き取りです。
Ci sono anche _____ pomodori e ______ uova.
この2つは〈di ＋定冠詞（複数形）〉で、数えられる数を表す「いくつかの」。どちらも部分冠詞といいます。

N2 女性のフレーズを聞き取ってみましょう。
Ma ______ （動詞） del prosciutto e anche della verdura.
動詞の原形は mancare「〜が不足している」。ここでは主語が del prosciutto「いくらかのハム＝単数」と della verdura「いくらかの野菜＝単数」で、動詞は3人称複数形を使うように考えがちですが、anche の前に動詞が省略されていると考えましょう。動詞の前には「私たちにとって」という間接目的語の代名詞が入ります。

N3 〈da ＋動詞の原形〉で「目的・用途」を表します。da bere で「飲み物」、da mangiare で「食べ物」です。女性のフレーズを聞き取ってみましょう。
Una bottiglia d'acqua minerale e del succo d'arancia __①__ __②__ abbiamo.
下線部①は、動詞 avere に直接目的語の代名詞を組み合わせるときに必要な単語です。②は una bottiglia d'acqua minerale e del succo d'arancia（直接目的語）の代名詞です。

ce ＋直接目的語の代名詞＋動詞 avere

	lo	la	li	le
io	ce l'ho	ce l'ho	ce li ho	ce le ho
tu	ce l'hai	ce l'hai	ce li hai	ce le hai
lui / lei	ce l'ha	ce l'ha	ce li ha	ce le ha
noi	ce l'abbiamo	ce l'abbiamo	ce li abbiamo	ce le abbiamo
voi	ce l'avete	ce l'avete	ce li avete	ce le avete
loro	ce l'hanno	ce l'hanno	ce li hanno	ce le hanno

Ⅱ

N1 男性の最後のフレーズは Accidenti!「しまった！」。Me ne sono dimenticato は、再帰動詞 dimenticarsi の近過去1人称単数形（主語は男性）の mi sono dimenticato に、ne（= di comprare il prezzemolo）が加わっています。音を合わせるために、mi が me になります。

N2 冒頭の passi < passare は自動詞で「立ち寄る」。fammi un favore「親切を私にしてくれ＝頼む」、comprami「私に買え＝買ってきて」、non prenderle「それらを買うな＝買わないで」は、tu に対する命令法です。代名詞の位置に注意しましょう。fare, dare, dire, stare, andare を使って tu に対する命令法にする場合は、gli を除く代名詞の語頭の子音を重ねて連結します。

命令法

	prendere + lo	fare + lo	dire + gli + lo	non + prendere + lo
tu	prendilo	fallo	diglielo	non prenderlo non lo prendere
noi	prendiamolo	facciamolo	diciamoglielo	non prendiamolo
voi	prendetelo	fatelo	ditеglielo	non prendetelo
Lei	lo prenda	lo faccia	glielo dica	non lo prenda
Loro	lo prendano	lo facciano	glielo dicano	non lo prendano

N3 男性のフレーズを聞き取りましょう。Perché oggi _①_ _②_ possono acquistare tre の①は〈受身の si〉、②は〈数量の ne〉です。音を合わせるために si が se になります。
al prezzo di due「2本分の値段で」。つまり3本を2本の値段で買える特売でした。

III

N1 Di mortadella quanta gliene faccio? の構造を確認しましょう。Di mortadella（モルタデッラに関しては）quanta（どのくらい：女性名詞 mortadella に合わせて語尾は -a）Gliene（Le＝あなたに＋数量の ne → Gliene）faccio（私はする＝作る、準備する）。

salumi（豚肉加工食品）

prosciutto cotto	ハム
prosciutto crudo	生ハム
mortadella	モルタデッラ（ダイス状の豚脂を入れた太いソーセージ）
speck	スペック（燻製した生ハムの一種）
coppa	コッパ（腰肉などで作るソーセージ）
pancetta	パンチェッタ（生ベーコン）

N2 reparto は「（会社・病院などの）部門」で、スーパーでは「～売り場」です。
corridoio は「廊下、通路」。場所を示す表現は、in fondo a ...「～の突き当たりに」、a destra「右に」、a sinistra「左に」。

N3 può farle alla griglia は、主語が敬称の「あなた」で、farle の le は「それらを」直接目的語の代名詞（女性複数）で melanzane を受けています。alla griglia の前置詞 a は〈a ＋調理器具〉で、どういう料理かを表します。ブドウは uva bianca（白いブドウ＝薄い緑色のタイプ）があるかどうかを尋ねていますが、店頭にあったのは uva nera（黒いブドウ＝濃い紫色のタイプ）ですね。

解答 & スクリプト

I

N1 c 080

D: C'è un litro di latte e dello yogurt. Ci sono anche dei pomodori e delle uova.

女：牛乳が1リットルといくらかのヨーグルトがある。いくつかのトマトと卵もある。

N2 b 081

U: Abbiamo del pane, del burro, un barattolo di acciughe.

D: Ma ci manca del prosciutto e anche della verdura.

男：パン、バター、アンチョビが1缶ある。
女：でもハムと野菜がないわ。

N3 c 082

U: Allora, da bere che cosa abbiamo?

D: Una bottiglia d'acqua minerale e del succo d'arancia ce li abbiamo.

U: Da mangiare?

D: Due pacchi di pasta, un barattolo di ragù, del pane, della frutta, sì. Ma non abbiamo formaggio.

男：じゃあ、飲み物はなにがあるのかな？
女：ミネラルウォーターが1本とオレンジジュースはあるわ。
男：食べ物は？
女：パスタが2袋、ミートソースが1瓶、パン、果物はあるけれど、チーズはないわ。

Ⅱ

N1 i, j, h, d, a 083

D: Hai comprato tutto quello che ti avevo chiesto?

U: Penso di sì, vediamo: la carta igienica, lo shampoo...

D: Va bene.

U: E quattro pacchetti di pasta, una bottiglia di olio d'oliva, un limone...

D: Non hai comprato il prezzemolo?

U: Accidenti! Me ne sono dimenticato!

女：頼んだものを、全部、買ってきてくれた？
男：そう思うよ。確認してみよう。トイレットペーパー、シャンプー…
女：うん。
男：パスタが４袋、オリーブオイルが１本、レモン…
女：パセリは買わなかったの？
男：しまった！　忘れちゃったよ！

N2 b 084

D: Passi anche al supermercato?

U: Sì.

D: Allora, per cortesia, fammi un favore: comprami un chilo di mele verdi. Se ci sono soltanto quelle rosse però non prenderle, che non mi servono.

女：スーパーにも寄る？
男：うん。
女：じゃあ、お願いがあるの。緑色のリンゴを1kg買ってきて。赤いのしかなかったら、買わないでね。使わないから。

N3 e 085

D: Hai comprato tre bottiglie di detergente? Perché così tante?

U: Perché oggi se ne possono acquistare tre al prezzo di due, mamma. Non lo sapevi?

女：洗剤を３本、買ったの？　なんで、こんなに？
男：今日は３本を２本の値段で買えるからだよ、おかあさん。知らなかった？

Ⅲ

N1 086

D: Vorrei del prosciutto crudo non troppo salato, per cortesia.

U: Certo, signora. Abbiamo questo in offerta.

D: Benissimo, me ne dà due etti e mezzo?

U: Ecco a Lei, altro?

D: Sì, anche un po' di mortadella e due mozzarelle.

U: Di mortadella quanta Gliene faccio?

D: Sui tre etti, ma un po' spessa per favore, devo farci gli involtini.

女：あまり塩気が強くない生ハムをいくらかいただきたいのですが。
男：かしこまりました。こちらは、お買い得です。
女：いいですね、250 g お願いします。
男：はい、どうぞ。ほかには？
女：モルタデッラを少しと、モッツァレッラを２つ、お願いします。
男：モルタデッラは、どのくらいにしましょうか？
女：300 g 前後で。インヴォルティーニを作るので、少し厚めにお願いします。

1）女性は、甘味のあるハムがほしい。 **falso**
2）300g のハムを買う。 **falso**
3）豚肉加工品のみを買う。 **falso**

N2 087

U: Mi scusi, dove posso trovare lo zucchero a velo?

D: Nel reparto dolci, in fondo al corridoio centrale, a destra.

U: Sa anche dove sono i cereali per la colazione?

D: Li trova vicino ai biscotti, nel reparto prima colazione.

U: Ah, e dov'è?

D: È nel corridoio subito qui a sinistra.

男：すみません、粉砂糖はどこですか？
女：お菓子売り場です。中央の通路の突き当たりを右です。
男：朝食用シリアルがどこかも、わかりますか？
女：朝食用食品売り場のビスケットの近くです。
男：ああ、どこですか？
女：ここのすぐ左の通路です。

1）粉砂糖は、突き当たりを右にある。 **vero**
2）男性はビスケットを買いたい。 **falso**

N3 088

D: Mi dia mezzo chilo di pomodori per insalata e... Sono buone queste melanzane?

U: Buonissime, può farle alla griglia, alla caponata, sott'olio...

D: Perfetto, me ne dia tre. Avete dell'uva bianca?

U: Bianca no, signora. Ma anche questa nera è squisita.

D: Uhm... No, grazie, allora prendo delle mele rosse.

女：サラダ用のトマトを500gと…　このナスはおいしいかしら？

男：すごくおいしいですよ。グリルにしてもいいし、カポナータとかオイル漬けとか…

女：いいわ。3本ください。白いブドウはありますか？

男：白いのはありません、奥さん。でもこの黒いのも、とてもおいしいですよ。

女：そうねえ…　やめておくわ。では、赤いリンゴにします。

1）女性はナスを3本、買った。　**vero**

2）黒いブドウが欲しかった。　**falso**

3）トマトも赤いリンゴも買った。　**vero**

Lezione

12 お店にて

本屋、肉屋、花屋 ………… 店先での会話

Ⅰ どの店で買い物をしていますか？ 1) ～ 5) のなかから選びましょう。

089～093

1) Negozio di abbigliamento
2) Libreria
3) Macelleria
4) Negozio di fiori
5) Calzoleria

N1 089	N2 090	N3 091	N4 092	N5 093
______	______	______	______	______

Ⅱ 会話を聞いて、内容が正しければ vero、間違っていれば falso にチェックしましょう。

094～096

N1 094

	vero	falso
1) La signora cerca un libro giallo.	□	□
2) Il libro è in magazzino.	□	□

N2 095

	vero	falso
1) La signora vuole provare delle scarpe sportive.	□	□
2) Non è sicura del suo numero di scarpe.	□	□

N3 096

	vero	falso
1) Lui cerca una borsa elegante.	□	□
2) La borsa ha la chiusura a scatto.	□	□

リスニングのポイント

Ⅰ

N1 due fette「2切れ」の単数形 fetta は、パンや肉、ケーキなどの「一切れ」。magro「脂肪分の少ない」⟷ grasso「脂肪分の多い」、leggero「軽い＝消化しやすい」⟷ pesante「重い＝消化の悪い」。会話では la carne「肉」が念頭にあるので、形容詞は女性名詞（単数形）を修飾する形になっています。

N2 taglia「サイズ」という単語から、服飾関係の店とわかります。Penso che anche quello le stia bene の部分は、〈pensare che ＋接続法〉なので stia（stare の接続法現在、主語＝あなた）。stare bene は「似合う」。その前の le は「あなたに」（間接目的語の代名詞）。

N3 Me ne faccia un mazzo の部分を詳しくみてみましょう。faccia は動詞 fare の敬称の Lei に対する命令法。me（間接目的語代名詞の mi、音を合わせるために me になる）、ne は di fiori で、un mazzo は「一束」。直訳すると「私に、花で、一束を作ってください」。

N4 si possono trovare dei libri の si は〈受身の si〉。settore「分野」、lo scaffale「本棚」。

N5 服のサイズは taglia ですが、靴になると numero を使います。
会話中では le scarpe「靴（女性名詞複数）」が念頭にあるので、形容詞は女性名詞（複数形）を修飾する形になっています。

Ⅱ

N1 冒頭の女性のフレーズを聞き取ってみましょう。
Scusi, _______ _________ l'ultimo libro di Malvaldi, ma fra i gialli ___ ___ ______.
最初の動詞は〈stare ＋ジェルンディオ〉で、stare が半過去時制なので過去進行形です。後半の動詞は近過去時制ですが「それを」という代名詞が入っています。
mi sembra che abbia a che fare con le carte ... は、〈間接目的語の代名詞＋ sembrare ＋ che ＋接続法〉なので、che 以下の動詞は

abbia（avereの接続法現在、主語は「その本」)。avere a che fare con ... で「〜と関係がある」。

N2 in vetrina「ウインドーにある」靴を説明しています。最後のフレーズを聞き取ってみましょう。
Il 37 o il 38, _______ un po' _______ modello.
〈dipendere + da ...〉で「〜しだいである」。

靴の用語

scamosciato　スエードの
di pelle　皮革製の
i lacci　靴ひも
i tacchi　ヒール
i tacchi alti　ハイヒール
i tacchi bassi　ローヒール

N3 女性のフレーズを聞き取ってみましょう。
Che ____ _______ ____ questo modello?
動詞direは「言う」ですが、ここでは「思う、考える」という意味で使われています。動詞の前のneは、動詞のあとに出てくる〈di＋名詞〉の先取りです。andare di moda「流行している」、non mi convince「私を納得させない」(動詞の原形はconvincere)。

バッグの用語

i manici　持ち手
la tracolla　ショルダーひも（a tracolla 肩から斜め掛けする）
lo zaino　リュック
lo zainetto　小さなリュック
la cerniera　ファスナー
sportivo　スポーティな、カジュアルな

解答 & スクリプト

I

N1 3（肉屋） 089

D: Mi può tagliare due fette di questa? È magra, vero?

U: Sì, signora. È molto leggera.

女：これを2切れ、カットしていただけますか？（脂の少ない）赤身ですよね？
男：そうです、奥さん。とても消化のよい肉ですよ。

N2 1（衣料品店） 090

U: Avete questo in una taglia più grande?

D: No, mi dispiace, è l'ultimo. Penso che anche quello Le stia bene, però.

男：もう少し大きいサイズのこれはありますか？
女：いいえ、あいにくですが、これが最後の1枚です。あちらもお似合いだと思いますが。

N3 4（花屋） 091

D: Sono belli questi. Me ne faccia un mazzo, per favore. Magari di colori misti.

女：きれいね。花束にしてください。いろいろな色を混ぜていただければ。

N4 2（本屋） 092

U: Dove si possono trovare dei libri del settore economia?

D: Al piano di sopra, nello scaffale che sta in fondo a destra.

男：経済分野の本は、どこですか？
女：上の階で、突当りを右の本棚です。

N5 5（靴屋） 093

D: Avete un numero più grande?

U: Certo, sempre in nero?

D: Sì, ma vorrei provare anche quelle rosse.

女：もっと大きなサイズはありますか？
男：もちろんです。やはり黒で？
女：はい。でも、あの赤いのも試してみたいです。

N1 094

D: Scusi, stavo cercando l'ultimo libro di Malvaldi, ma fra i gialli non l'ho trovato.

U: Controllo subito sul computer se ne abbiamo in magazzino. Si ricorda il titolo?

D: Mmhh... mi sembra che abbia a che fare con le carte...

女：すみません、マルヴァルディ（作家の名前）の最新作を探していたのですが、推理小説のなかには見つからなくて。

男：倉庫にあるかどうか、すぐにコンピュータで検索してみましょう。タイトルを覚えていますか？

女：ええと…　トランプとかなんとか…

1）女性は推理小説の本を探している。　**vero**

2）その本は、倉庫にある。　**falso**

N2 095

D: Vorrei vedere quelle scarpe di Dolce&Gabbana in vetrina.

U: Quelle scamosciate, con i lacci?

D: No, quelle di pelle, con il cinturino e i tacchi alti.

U: Ho capito, Gliele vado subito a prendere. Che numero ha?

D: Il 37 o il 38, dipende un po' dal modello.

女：ウインドーにあるドルチェ＆ガッバーナの靴を見たいのですが。

男：スエードの靴紐があるものですか？

女：いいえ、あの革製で小さなベルトがついているハイヒールです。

男：わかりました。すぐに取りに行きます。サイズは？

女：37か38で、デザインしだいです。

1）女性はスポーツ・シューズを試したい。　**falso**

2）女性は、靴のサイズに確信がない。　**vero**

N3 096

U: Sto cercando una borsa per la mia ragazza.

D: Che ne dice di questo modello? È di Ferragamo, va molto di moda questa primavera.

U: Non mi convince, di raso e con i manici corti forse è un po' troppo classico. Non avete qualcosa di più sportivo? Magari con la tracolla o a zainetto.

D: Guardi questa: la può portare a mano o in spalla e ha la cerniera impermeabile. Inoltre ha due grandi tasche a scomparsa, è molto comoda.

男：恋人にバッグを探しているのですが。

女：このタイプはいかがでしょう？　フェラガモで、この春にとても流行しています。

男：うーん。サテン地で持ち手が短いのは、ちょっとクラシックすぎるかな。もっとカジュアルなものはありませんか？　ショルダーとか、小さなリュックのような。

女：こちらはいかがですか？手に持っても、肩にかけても大丈夫です。止水ファスナーです。それに大きなマチのないポケットが2つあって、とても使いやすいですよ。

1）男性はエレガントなバッグを探している。　**falso**

2）バッグは、がま口タイプである。　**falso**

Lezione 13

レストランへ

調理法・食材 …… ウエイターとの会話

Ⅰ どの人たちの言葉でしょう？　イラストから選びましょう。　🎧 097〜101

N1 🎧 097　　N2 🎧 098　　N3 🎧 099　　N4 🎧 100　　N5 🎧 101

__________　__________　__________　__________　__________

Ⅱ 何を注文していますか？　イラストから選びましょう。　🎧 102〜103

N1 🎧 102

a

b

c

N2 🎧 103

a

b

c

N1  🎧 102　　N2 🎧 103

__________　__________

リスニングのポイント

Ⓘ

N1 冒頭の Per cortesia は、なにかを頼むときの「すみませんが」。そのあとのフレーズを聞き取りましょう。
Per cortesia, potrebbe _______ __ ____ _______?
動詞 potere の条件法 potrebbe（敬称）は、「できれば〜」と語調を緩和して依頼しています。un altro ... あるいは un'altra ... は、「もうひとつの〜」。
代名詞の複合形 Glielo は、Le（あなたに）＋ lo（それを）。

N2 da bere は 79 ページにも出てきましたね。ウエイターが L'acqua come la preferite? と尋ねています。動詞の前の la は、直接目的語 l'acqua の代名詞です。直接目的語を動詞の前に出した場合は、動詞の直前に代名詞にして繰り返します。

N3 va bene lo stesso の lo stesso は「それでも」。Se vi va bene quel tavolo は、「あのテーブル（quel tavolo ＝主語）が、あなたたちにとって（vi ＝間接目的語の代名詞）、va bene 大丈夫ならば」。accomodarvi は再帰動詞 accomodarsi。

N4 conto は、さまざまな意味がある名詞ですが、ここでは「勘定、勘定書き」ですね。

N5 mi è caduto il cucchiaio の主語は il cucchiaio「スプーン」で、è caduto は動詞 cadere「落ちる（自動詞）」の近過去時制です。mi（間接目的語の代名詞）を使って「私に、スプーンが落ちた」と言い回します。その返答は…　Un attimo. _______ cambio.
代名詞の複合形が入ります。聞き取れましたか？

Ⅱ

N1 specialità は「名物料理」。ウエイターの返答を聞いてみましょう。
I piatti di carne, in particolare __ _______ ____ _______ ____.
vale la pena di ... は「苦労に値する」→「～する甲斐がある」。動詞の原形は valere「値打ちがある」。provarla の -la は、直接目的語 la carne（女性名詞・単数）の代名詞です。

N2 spigola は「スズキ」。senz'altro「きっと、必ず」。alla griglia は調理法で「グリルした、網焼きの」。

前置詞 a で表す調理法

al sangue	レアに焼いた
al forno	オーブン焼き
al microonde	電子レンジで調理した
al vapore	蒸し焼き
al cartoccio	（紙またはアルミホイルで）包み焼き
allo spiedo	（バーベキューで使うような大きな串を使った）串焼き
alla brace	炭火焼き
alla mugnaia	ムニエル
alla griglia	網焼き
ai ferri / alla piastra	鉄板焼き

alla ＋町の形容詞（女性名詞・単数形を修飾するときの形）＝～風

alla milanese	ミラノ風
alla romana	ローマ風
alla veneziana	ヴェネチア風
alla napoletana	ナポリ風
alla palermitana	パレルモ風

解答 & スクリプト

I

N1 b 097

D: Per cortesia, potrebbe portarmi un altro caffè?

U: Sì, Glielo porto subito.

女：すみません、コーヒーをもう１杯、いただけますか？
男：はい、すぐにお持ちします。

N2 d 098

U: Da bere?

D: Una bottiglia di vino rosso e dell'acqua, per favore.

U: L'acqua come la preferite? Frizzante o naturale?

D: Frizzante, grazie.

男：お飲み物は？
女：赤ワインを１本と水をお願いします。
男：水は、どんなものがいいですか？　発泡性、それとも普通の水にしますか？
女：発泡性のをお願いします。

N3 e 099

U: Buona sera. Quante persone?

D: Siamo in quattro. Non abbiamo prenotato, va bene lo stesso?

U: Se vi va bene quel tavolo in fondo, potete accomodarvi.

男：こんばんは。何人様ですか？
女：４人です。予約していないのですが、それでも大丈夫ですか？
男：あの突当りのテーブルでよろしければ、お入りください。

N4 a 100

D: Il conto, per favore.

女：お勘定をお願いします。

N5 c 101

D: Scusi, mi è caduto il cucchiaio.

U: Un attimo. Glielo cambio.

女：すみません、スプーンを落としたのですが。
男：少々お待ちください。取り代えましょう。

Ⅱ

N1 a 102

D: Qual è la vostra specialità?

U: I piatti di carne, in particolare il manzo della nostra zona. È una carne squisita, vale veramente la pena di provarla.

D: Allora la prendo sicuramente. Che cosa mi consiglia in particolare?

女：こちらの名物料理は、なんですか？

男：肉料理、とくにこの地方の牛肉を使った料理です。とてもおいしい肉なので、ぜひお試しください。

女：では、ぜったいに肉料理にするわ。とくにオススメはなんですか？

N2 a 103

D: Avete del pesce fresco?

U: Sì, vedete? Oggi abbiamo delle spigole freschissime. Sono senz'altro buone. Come le preferite? Alla griglia...

女：新鮮な魚は、ありますか？

男：はい、ご覧ください。今日は、とても新鮮なスズキがありますよ。絶対においしいです。どのように調理しましょうか？　グリルとか…

計算が違う？

計算式、チップ ………… 数字と計算

会話に続いて、質問が読まれます。その答えとして正しいものを 1) ～ 3) のなかから、ひとつ選びましょう。 104～107

N1 104

1)
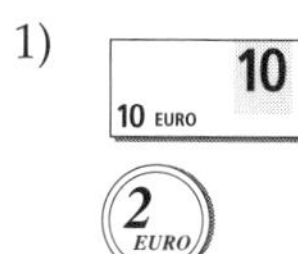

2)

3)
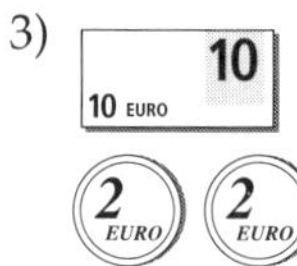

N2 105

1)
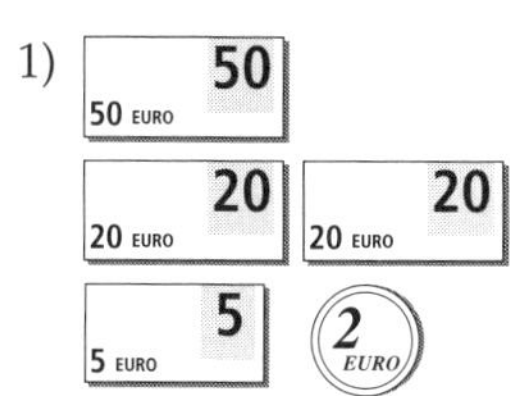

2)
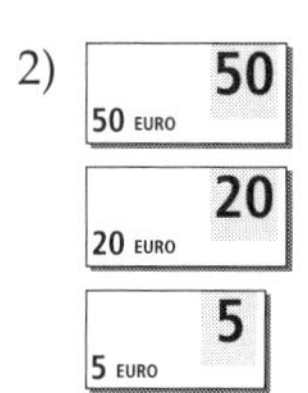

3)
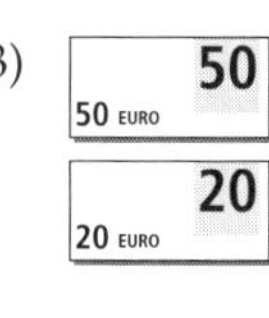

N3 106

1)

2)

3)

N4 107

1)

2)

3)

N1 104 ________ N2 105 ________ N3 106 ________ N4 107 ________

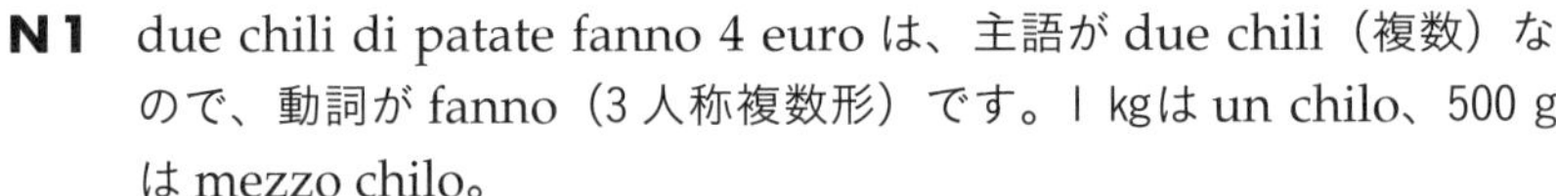

N1 due chili di patate fanno 4 euro は、主語が due chili（複数）なので、動詞が fanno（3 人称複数形）です。1 kgは un chilo、500 g は mezzo chilo。

N2 女性の最初のセリフを聞き取ってみましょう。
Scusi, secondo me __①__ __②__ un errore qui nel conto.
secondo me は、前置詞 secondo で「〜の意見では」。下線部は両方とも動詞ですが、①は「〜なはずである」。②は〈c'è ＋単数名詞、ci sono ＋複数名詞〉の原形で、「ある」。
男性は最後に allora dobbiamo ______ 20 euro. と言っていますので、20 ユーロを引いた額が実際に支払う金額です。

N3 タクシーを降りるときの会話です。
Può farmi scendere al prossimo angolo? の farmi は、scendere という別の動詞の原形を伴う〈使役の fare ＝〜させる〉。-mi は直接目的語の代名詞「私を」。banconote da 10 euro は「10 ユーロ紙幣」、前置詞 da は額面を表します。Tenga pure il resto. は、チップを残すときの決まり文句。tenga は動詞 tenere の Lei に対する命令法、pure は命令法の動詞とともに使われて「どうぞ」、il resto は「お釣り」。この女性は、10 ユーロ紙幣しか持っていないので、18 ユーロを支払うのに 10 ユーロ紙幣 2 枚で払い、お釣りはチップにしています。

N4 最初の Senta は、動詞 sentire の Lei に対する命令法で「聞いてください＝あのう」。volantino はチラシ、c'è scritto は「場所の ci ＋ essere ＋他動詞の過去分詞」で受動態、「チラシに書かれている」。
男性のフレーズを聞き取りましょう。
________ ______ prodotto, signorina.
〈dipendere da ...〉で「〜による、〜しだいである」。

解答 & スクリプト

N1 3 104

U: Vuole qualcos'altro, signora?

D: Basta così, grazie. Quanto viene in tutto?

U: Allora, due chili di patate fanno 4 euro, mezzo chilo di pomodori fa 3 e 50, poi due chili di arance fanno 6 e 50... quindi 14 euro.

D: Ecco a Lei.

DOMANDA: Quanto paga la signora?

男：奥さん、ほかには？

女：これで結構です。全部でおいくら？

男：ジャガイモ2 kgが4ユーロ、トマト500 gが3ユーロ50セント、それからオレンジが2 kgで6ユーロ50セントで… 14ユーロです。

女：はい。

質問：女性は、いくら払いますか？

N2 2 105

D: Scusi, secondo me deve esserci un errore qui nel conto. Questo totale, 97 euro, è troppo, veramente.

U: Vediamo un po'. Avete preso due primi e due secondi, poi...

D: Cosa vuol dire questo segno?

U: Sono le bevande. Avete preso due bottiglie di vino rosso...

D: Come due bottiglie?! Ne abbiamo presa solo una.

U: Ah, scusatemi. Allora dobbiamo togliere 20 euro.

DOMANDA: Quanto paga la signora?

女：すみません、勘定書きに間違いがあるはずだと思うのですが。この合計97ユーロは、ほんとうに高すぎます。

男：ちょっと見てみましょう。プリモが2品、セコンドが2品、それから…

女：この印は、なんの意味ですか？

男：飲み物です。赤ワインが2本ですよね。

女：2本？ 1本しかいただいていません。

男：ああ、それは申し訳ございません。では20ユーロひかなくてはなりませんね。

質問：女性は、いくら払いますか？

N3 2 🎧 106

D: Può farmi scendere al prossimo angolo?

U: Certamente, eccoci. Sono 18 euro.

D: Ho solo banconote da 10 euro. Tenga pure il resto.

U: Grazie e arrivederci.

DOMANDA: Quanto lascia di mancia la signora?

女：次の角で、降ろしていただけますか？

男：はい、着きました。18 ユーロです。

女：10 ユーロ札しかないので。お釣りはとっておいてください。

男：ありがとうございます。ごきげんよう。

質問：女性は、チップにいくらを残しましたか？

N4 2 🎧 107

D: Senta, sul volantino c'è scritto che i saldi sono del 70%, ma questo maglione ha solo il 30% di sconto.

U: Dipende dal prodotto, signorina. I saldi vanno dal 20 al 70%.

DOMANDA: Quanto sconto c'è sul maglione?

女：あのう、チラシには70%オフのセールだと書いてあったのですが、このセーターは 30%しか割り引いていません。

男：ものによるんです。割引率は、20%から 70%です。

質問：セーターは、何%オフですか？

Lezione 15

野菜はきらい！

食事の好み、アレルギー ………………………… 食卓での会話

Ⅰ 食べられないものは、なんですか？　イラストから選びましょう（複数可）。
108〜110

N1 108

a

b

c

N2 109

a

b

c

N3 110

a

b

c

N1  108　　N2  109　　N3  110

______________　　______________　　______________

Ⅱ 会話に続いて、質問が読まれます。その答えとして正しいものを 1) ～ 3) のなかから、ひとつ選びましょう。 111～113

N1 111

☐ 1) Devono lavare i piatti.
☐ 2) Devono preparare la tavola.
☐ 3) Devono riparare la TV.

N2 112

☐ 1) Va a comprare l'acqua.
☐ 2) Le dà l'acqua.
☐ 3) Beve l'acqua.

N3 113

☐ 1) È molto buono.
☐ 2) È molto caldo.
☐ 3) Non è ancora pronto.

リスニングのポイント

Ⅰ

N1 Questa è molto _______ e _______. と勧められていますが、Sono _______ . なので断っています。男性の場合は、語尾が -o になります。

N2 le verdure crude は「生野菜」、quelle bollite は「茹でた、それら = verdure」。それぞれの形容詞の基本形は crudo, bollito > bollire「沸く、煮える」です。

N3 dessert はフランス語から借用して「デザート」。essere allergico / allergica a ... は、「～に対してアレルギーがある」。

Ⅱ

N1 aiutatemi は、「aiutare（手伝う）の voi に対する命令法＋ mi（私を）」。apparecchiare「食卓の準備をする」⟷ sparecchiare「食卓の後片付けをする」。invece di ...「～する代わりに、～ではなく」。

N2 女性のフレーズを聞き取ってみましょう。Mario, mi ______ l'acqua per piacere?
下線部の動詞には、いろいろな意味があります。ここでは mi が間接目的語の代名詞「私に」、l'acqua が直接目的語「水を」で、他動詞です。per piacere は per favore と同様、「お願いします」。

N3 è uscito は、uscire「出かける」の近過去形ですが、主語がコーヒーのときは「湧き出る、入る」。appena「たった今」。scotta は動詞 scottare の 3 人称単数形（主語は il caffè）、自動詞で「（火傷するほど）非常に熱くなる」。

解答 & スクリプト

Ⅰ

N1 a と c 108

U: Non mangi la carne? Questa è molto magra e leggera.

D: No, grazie. Sono vegetariana.

女：肉は食べないの？　これは赤身で、しつこくないよ。
男：ありがとう、でも食べないわ。私はベジタリアンなの。

N2 a 109

D: E l'insalata come la vuoi?

U: Scusa ma non mi piacciono le verdure crude. Preferisco quelle bollite.

女：サラダは、どういうのがいい？
男：悪いけど、生野菜は嫌いなんだ。温野菜がいいな。

N3 a と b 110

U: Prendiamo dei formaggi invece del dessert?

D: Veramente sono allergica ai latticini...

男：デザートの代わりに、チーズをとろうか？
女：実は、私は乳製品アレルギーなの。

Ⅱ

N1 2 111

D: Ragazzi, aiutatemi ad apparecchiare invece di stare sempre davanti alla TV! Mi sentite?

DOMANDA: Che cosa devono fare i ragazzi?

女：子どもたち、ずっとテレビの前にいないで、食卓の準備をするのを手伝ってちょうだい！　聞こえてる？
質問：子どもたちは、なにをしなければなりませんか？
1）皿を洗わなければならない。
2）食卓の準備をしなければならない。
3）テレビを修理しなければならない。

N2 2 112

D: Mario, mi passi l'acqua per piacere?

U: Sì, subito.

DOMANDA: Che cosa fa Mario?

女：マリオ、水をとってくれる？

男：ああ、すぐにとるよ。

質問：マリオは、なにをしますか？

1）水を買いに行く。

2）彼女に水を渡す。

3）水を飲む。

N3 2 113

U: Il caffè è uscito?

D: Sì, è appena uscito. Attenzione, scotta.

DOMANDA: Com'è il caffè?

男：コーヒーはできた？

女：ええ、できたばっかりよ。気をつけて、とても熱いから。

質問：コーヒーは、どうですか？

1）とてもおいしい。

2）とても熱い。

3）まだ準備できていない。

Lezione 16

趣味は読書

スポーツ、音楽鑑賞 …… 趣味を語る

Ⅰ 趣味はなんでしょう？ イラストから選びましょう。 114〜116

N1 114

a

b

c

N2 115

a

b

c

N3 116

a

b

c

N1 114 ＿＿＿＿＿＿

N2 115 ＿＿＿＿＿＿

N3 116 ＿＿＿＿＿＿

(II) 会話を聞いて、質問に答えましょう。 117

Che cosa fa lui?

☐ 1) Sta comprando un CD.
☐ 2) Sta ascoltando un CD.
☐ 3) Sta andando a teatro.

(III) 会話を聞いて、正しいものを選びましょう。 118

Lei preferisce:

☐ 1) cucinare piatti di carne.
☐ 2) cucinare dolci.
☐ 3) cucinare pasta.

(IV) 会話を聞いて、内容が正しければ vero、間違っていれば falso にチェックしましょう。 119

	vero	falso
1) La serie TV è finita.	☐	☐
2) Questa stagione sarà ultima.	☐	☐
3) Il venerdì di solito guardano la TV.	☐	☐

リスニングのポイント

Ⓘ

N1 冒頭の質問を聞き取ってみましょう。趣味などを尋ねるときに、よく使います。
Cosa fai quando hai ________ ________?
女性は、〈avere bisogno di ＋動詞の原形〉で「～する必要がある」と言っています。stare / essere in forma は「よい体調でいる」。

N2 leggere libri「読書する」。〈prima di ＋動詞の原形〉で「～する前に」。giallo は「推理小説」。Andrea Camilleri アンドレア・カミッレーリ（1925 ～ 2019 シチリア出身の推理小説家）。

N3 passeggiare「散歩する」、camminare「歩く」。次のフレーズは、Qualche volta __ va ________ __ sua sorella, ma __ ________ lo stesso anche da sola. va の前には、「前出の場所（ここでは in centro）」を表す単語が入ります。後半は再帰動詞で、原形は divertirsi「楽しむ」。

Ⓘⅰ ascoltala は、「ascoltare の tu に対する命令法＋ la それを（直接目的語 musica の代名詞）」。Non ________ che __ __________ la musica classica. 〈non sapere che ＋接続法〉。

時制の一致（従属節の動詞が接続法の場合）

主節の動詞の時制　　従属節の動詞の時制

現在

Credo che ...
私は信じている

（以前）→ 接続法過去　... tu abbia vinto.
きみが勝ったと

（同時）→ 接続法現在　... tu vinca.
きみが勝つと

（以後）→ 接続法現在（直説法未来）
... tu vinca / vincerai.
きみが勝つだろうと

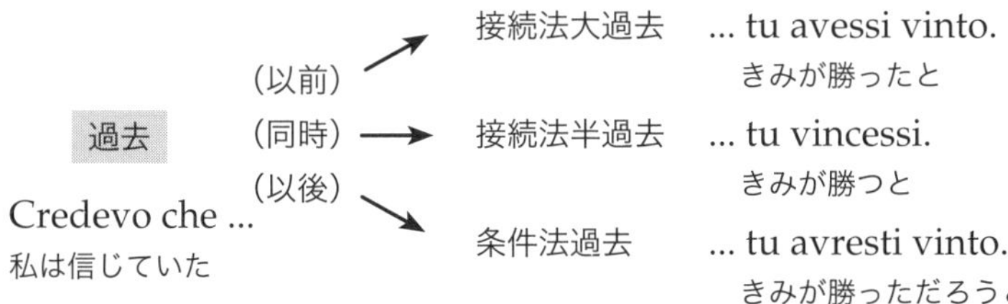

III La mia passione「私の情熱＝私が大好きなこと」は cucinare「料理をすること」。キーとなるフレーズは、Faccio soprattutto dei _______, inventandone vari tipi. で、dei は部分冠詞「いくつかの」です。inventandone は、動詞 inventare「考案する」のジェルンディオ inventando + ne (= vari tipi di dolci の di dolci を受ける代名小詞)。

その続きは、Sono buoni e mio marito e i miei figli ____ _______ ________.〈andare matto per ...〉で「〜に夢中だ」。〈per ...〉の部分が ne になって「それに夢中だ」。

Mi fa piacere vederli mangiare le mie creazioni. の vederli は vedere + li（彼らを。直接目的語 mio marito e i miei figli の代名詞）で、「彼ら」の動作は原形 mangiare ... で表されています。

知覚動詞 vedere, sentire など＋動詞の原形＋直接目的語（＝動詞の原形の動作主）

Vedo arrivare tanti turisti.　私は、多くの観光客が到着するのを見る。
　→ tanti turisti を代名詞にすると、Li vedo arrivare.

Sento arrivare la macchina.　私は、車が到着するのを聞く。
　→ la macchina を代名詞にすると、La vedo arrivare.

動詞の時制が変化しても、原形のままです。

Ho visto arrivare tanti turisti.　私は、多くの観光客が到着するのを見た。
　→ tanti turisti を代名詞にすると、Li ho visti arrivare.

Ho sentito arrivare la macchina.　私は、車が到着するのを聞いた。
　→ la macchina を代名詞にすると、L'ho vista arrivare.

Ⅳ 動詞 parere は〈pare che ＋接続法または直説法未来〉。rinnovare は「新しくする、更新する」ですが、ここでは la serie「(テレビ番組の) シリーズ」についてなので、「続編が作られる」。dovremo trovare qualcos'altro da guardare il venerdì sera. の〈da ＋動詞の原形〉は「見るもの」。

直説法未来の活用

	tornare 戻る	prendere 取る	partire 出発する	finire 終える
io	tornerò	prenderò	partirò	finirò
tu	tornerai	prenderai	partirai	finirai
lui / lei	tornerà	prenderà	partirà	finirà
noi	torneremo	prenderemo	partiremo	finiremo
voi	tornerete	prenderete	partirete	finirete
loro	torneranno	prenderanno	partiranno	finiranno

	essere ～である	avere 持っている	fare ～をする	andare 行く	venire 来る
io	sarò	avrò	farò	andrò	verrò
tu	sarai	avrai	farai	andrai	verrai
lui / lei	sarà	avrà	farà	andrà	verrà
noi	saremo	avremo	faremo	andremo	verremo
voi	sarete	avrete	farete	andrete	verrete
loro	saranno	avranno	faranno	andranno	verranno

解答 & スクリプト

Ⅰ

N1 c 114

U: Cosa fai quando hai tempo libero?

D: Vado in palestra. Faccio yoga e nuoto anche. Ho bisogno di fare sport almeno una volta alla settimana per stare in forma.

男：自由な時間があるとき（＝暇なとき）は、なにをしているの？
女：ジムに行くわ。ヨガをして、泳ぐの。よい体調でいるためには、少なくとも週に１度はスポーツをしないと。

N2 b 115

U: Il suo hobby è leggere libri. Dopo cena o prima di andare a letto legge per un po' di tempo. Preferisce i gialli, per esempio quelli di Andrea Camilleri.

男：彼の趣味は読書だ。夕食後あるいは就寝前に、少しの時間、本を読む。たとえばアンドレア・カミッレーリのような推理小説が好きだ。

N3 c 116

D: Le piace passeggiare, camminare per le strade in centro. Qualche volta ci va insieme a sua sorella, ma si diverte lo stesso anche da sola.

女：彼女は散歩したり、中心街の通りを歩くのが好きだ。ときには姉（妹）と行くが、ひとりでも同じように楽しんでいる。

Ⅱ 2 117

D: È nuovo questo CD? Che musica è?

U: Ascoltala un po' insieme a me. Bella, eh? È di Mozart. La settimana prossima vado a vedere quest'opera a teatro.

D: Non sapevo che ti piacesse la musica classica.

女：新しく買ったCD？　なんの音楽？

男：いっしょに、少し聞いてみて。いいでしょう。モーツァルトだよ。来週、このオペラを観に劇場に行くんだ。

女：あなたがクラシック音楽を好きだとは、知らなかったわ。

彼はなにをしていますか？

1）CDを買っているところだ。

2）CDを聞いているところだ。

3）劇場へ向かっているところだ。

Ⅲ 2 118

D: La mia passione è cucinare. Però non primi o secondi, quelli di pasta o di carne. Faccio soprattutto dei dolci, inventandone vari tipi. Sono buoni e mio marito e i miei figli ne vanno matti. Mi fa piacere vederli mangiare le mie creazioni.

女：私が大好きなことは、料理です。でも、パスタのようなプリモとか、肉料理のようなセコンドではありません。おもにデザートを、いろいろな種類を考え出しながら、作ります。おいしいので、夫や子どもたちは大喜びして食べます。私が作り出したものを食べる彼らを見ると、嬉しくなります。

彼女が好きなのは…

1）肉料理を作ることだ。

2）お菓子を作ることだ。

3）パスタを作ることだ。

(IV) 119

D: Quella di stasera è stata l'ultima puntata. Pare che non rinnoveranno più la nostra serie preferita.

U: Cosa!? Questa è l'ultima stagione?

D: Eh già, dovremo trovare qualcos'altro da guardare in TV il venerdì sera.

女：今夜の回が最終回だったのよ。私たちが気に入っているドラマの続編は、作られないみたい。

男：なんだって!?　これが最後のシーズン？

女：そういうことになるわね。金曜日の夜にテレビで見るものを、なにかほかに見つけなくっちゃ。

1）連続テレビドラマは終わった。 **vero**

2）今シーズンが最後らしい。 **vero**

3）金曜日の夜、ふつう、彼らはテレビを見ている。 **vero**

Lezione 17

旅行へ行く

駅の窓口、ホテルのフロント ……………… 旅先での会話

Ⅰ 会話を聞いて、イラストを選びましょう。 120〜124

N1 120

a

b

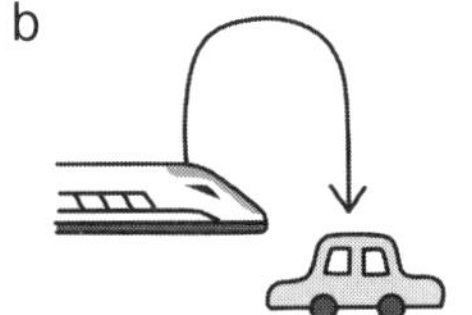

c

N2 121

a

b

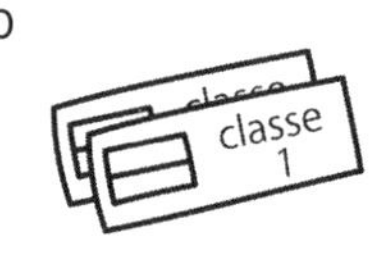

c

N3 122

a

b

c

N4 123

a

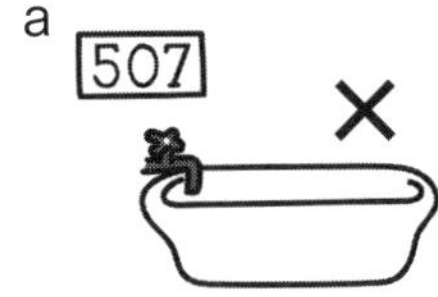

b

c

N5 124

a Bologna

b Bologna

c Bologna

N1 120 ________ N2 121 ________ N3 122 ________ N4 123 ________ N5 124 ________

II 会話を聞いて、内容があっていれば vero、間違っていれば falso にチェックしましょう。 125〜128

N1 125

	vero	falso
1) Il treno non arriva più.	□	□
2) Il treno è già passato 50 minuti fa.	□	□
3) Il treno arriverà 50 minuti dopo l'orario previsto.	□	□

N2 126

1) Le camere sono al completo.	□	□
2) C'è la possibilità di cambiare la camera.	□	□
3) Dalla camera attuale si può vedere un cortile luminoso.	□	□

N3 127

1) Ha preso dei biglietti per il rapido.	□	□
2) I biglietti sono già timbrati.	□	□
3) La signora deve controllare i biglietti.	□	□

N4 128

1) La signora prenota al telefono.	□	□
2) Da Ferragosto i prezzi cambiano.	□	□
3) Prima del 15 i prezzi sono meno cari.	□	□

リスニングのポイント

Ⅰ

N1 Con che cosa ...? は「なにを使って」で移動手段を尋ねます。
diretto「直行」。
〈bisogna ＋動詞の原形〉で「〜する必要がある」。

N2 andata「往路」↔ ritorno「復路」。「往復」は、andata e ritorno。

N3 non è ancora partito?「まだ発車していないのですか？」という否定疑問文に対する no という返答は「出発していない」。sciopero は「ストライキ」。

N4 部屋の番号は聞き取れましたか？さらに、c'è un problema _____ ____ ________ もポイントですね。problema は、-a で終わる男性名詞です。

N5 〈ci vuole ＋単数名詞、ci vogliono ＋複数名詞〉で「(時間やお金が) かかる、必要である」。(Lezione 9、63ページ参照)。dipende da ... は「〜しだいである」。rapido は、名詞だと「急行」、形容詞だと「速い」ですが、ここでは形容詞です。

Ⅱ

N1 駅のアナウンスです。per ... で「〜行きの」、proveniente da ...「〜発の」。con circa ○ minuti di ritardo「約○分遅れで」。選択肢 3 の l'orario previsto は、「予見された時刻表＝時刻表に予定されていた時間」。

N2 ホテルのフロントでの会話です。なにを頼んでいるのでしょう？
Senta, la mia camera è troppo __________. Posso ___________?
rumoroso > rumore, luminoso > luce など、名詞と関連付けて覚えましょう。
男性の返答にある dare su ... は「〜に面している」、cortile は「裏庭、中庭」。

N3 〈incluso ＋名詞〉は、動詞 includere の過去分詞の形の形容詞で、「～を含めた」。うしろの名詞の性数に合わせて、語尾が変化します。supplemento は「追加料金」、supplemento rapido は「特急料金」。〈basta ＋動詞の原形〉は「～すれば十分だ」、timbrarli は timbrare「(切符に) 日付スタンプを刻印する」＋ li（直接目的語 i biglietti の代名詞）。alle macchinette は「小さなマシン（＝日付刻印器、macchina ＋縮小辞の -etta）で」。そのあとを聞き取ってみましょう。

_____ ______ ________ prima di salire sul treno.

ricordarsi di ... で「～することを覚えておく」。命令法になって si ricordi。di 以下の「～することを（ここでは日付スタンプを刻印すること）」は ne になります。si ricordi ＋ ne → se ne ricordi（si が ne と音を合わせるために se に変化することと、語順に注意）。

N4 旅行代理店の窓口での会話です。visita guidata は「ガイドつき見学」、degustazione は「テイスティング」、a persona「一人につき」。女性のフレーズは al telefono「電話では」、mi avevano detto「彼らは私に言った」＝「(不特定の 3 人称複数形の動詞の場合、受動態にすると訳しやすい→) 言われた」、un prezzo differente「違う値段を」。すると男性が probabilmente「おそらく」、le「あなたに（間接目的語の代名詞、敬称)」、è stato indicato「示された（indicare の受動態・近過去)」、il prezzo「値段を（＝主語)」、per la settimana prima di Ferragosto「聖母被昇天の祝日（8 月 15 日）の前の週」。

da ... in poi で「～以降」。alta stagione「ハイシーズン」ですが、altissima と言っているので、8 月 15 日以降は「超ハイシーズン」＝「もっとも値段が高くなる時期」だという意味です。

解答 & スクリプト

I

N1 a 🎧 120

D: Con che cosa vai a Milano?

U: Prendo il treno delle undici, ma non è diretto. Bisogna cambiare a Firenze.

女：ミラノへは、どうやって行くの？

男：11時の電車に乗るんだけれど、直行じゃないんだ。フィレンツェで乗り換えないと。

N2 a 🎧 121

D: Due biglietti per Venezia, per favore.

U: Solo andata?

D: No, no. Andata e ritorno.

U: Di prima o di seconda classe?

D: Di prima, grazie.

女：ヴェネツィアまで2枚、お願いします。

男：片道ですか？

女：いいえ、往復で。

男：1等車、それとも2等車？

女：1等車でお願いします。

N3 c 🎧 122

U: Il treno per Napoli non è ancora partito?

D: No. Oggi c'è sciopero.

男：ナポリ行きの列車は、まだ発車していないのですか？

女：いいえ。今日はストライキです。

N4 b 🎧 123

D: Reception, buonasera.

U: Buonasera, chiamo dalla camera 406, c'è un problema con la doccia.

D: Veniamo subito a controllare, signore.

女：レセプションです、こんにちは。

男：こんにちは、406号室から電話しているのですが、シャワーに問題があって。

女：すぐに、お伺いします。

N5 b 124

D: Quanto tempo ci vuole per arrivare a Bologna?

U: Dipende dal treno. Se prende quello più rapido, ci vogliono circa due ore.

女：ボローニャに着くのに、どれくらいの時間がかかりますか？
男：列車によります。速いのに乗れば、約2時間です。

N1 125

U: Il treno per Milano Centrale proveniente da Napoli viaggia con circa 50 minuti di ritardo.

男：ナポリ発ミラノ中央駅行きの列車は、50分遅れで運転しています。

1）列車はもう到着しない。 **falso**
2）列車は50分前にすでに通過した。 **falso**
3）列車は予定時間の50分後に到着するだろう。 **vero**

N2 126

U: Senta, la mia camera è troppo rumorosa. Posso cambiarla?

D: Aspetti... Sì, c'è una camera che dà sul cortile. Se vuole può cambiare anche adesso.

男：あのう、私の部屋はうるさすぎるのですが。替えられますか？
女：お待ちください… はい、裏庭に面した部屋があります。もしよろしければ、今、替えることもできます。

1）部屋は満室だ。 **falso**
2）部屋は変更可能だ。 **vero**
3）今の部屋からは、明るい中庭が見られる。 **falso**

N3 127

U: Allora signora, questi sono i biglietti per Torino.

D: Incluso il supplemento rapido?

U: Sì, certamente, basta timbrarli alle macchinette. Se ne ricordi prima di salire sul treno.

D: Certamente, grazie.

U: Si figuri.

男：では奥様、これがトリノ行きの切符です。

女：特急料金も入っていますか？

男：はい、もちろんです。日付スタンプを刻印するだけです。列車に乗り込む前にしてください。

女：もちろん、そうします。お世話様です。

男：どういたしまして。

1）特急列車の切符を買った。 **vero**

2）切符には、すでに日付スタンプが刻印されている。 **falso**

3）女性は切符を確認しなければならない。 **falso**

N4 128

U: Ecco qui: biglietto aereo, 5 notti in albergo con colazione inclusa e visita guidata con degustazione. Con il nostro pacchetto sono 980 euro a persona.

D: Mi scusi, ma al telefono mi avevano detto un prezzo differente...

U: Probabilmente Le è stato indicato il prezzo per la settimana prima di Ferragosto. Dal 15 in poi è altissima stagione, il prezzo è questo.

男：はい、こちらですね。航空券と朝食つきでホテルに5泊、テイスティングつきのガイドツアーがパッケージになっています。私どものツアーでは、お一人様980ユーロです。

女：すみません、電話で教えてもらった値段と違うのですが…

男：おそらく、聖母被昇天の祝日の前の週の価格が提示されたかと。15日以降はもっともハイシーズンですので、お値段はこちらになります。

1）女性は、電話で予約している。 **falso**

2）聖母被昇天の祝日から、値段が変わる。 **vero**

3）8月15日以前は、値段は高くない。 **vero**

Lezione **18**

仕事はどう？

将来の夢、転職歴 ………… 仕事を語る

Ⅰ 仕事はどれでしょう？　イラストから選びましょう。　129〜131

N1　129

a

b

c

N2　130

a

b

c

N3　131

a

b

c

N1　129　＿＿＿＿＿＿　N2　130　＿＿＿＿＿＿　N3　131　＿＿＿＿＿＿

(II) 会話を聞いて、内容があっていれば vero、間違っていれば falso にチェックしましょう。 132〜133

N1 132

	vero	falso
1) Lui ha comprato le pesche al supermercato.	☐	☐
2) Lui lavora al mercato.	☐	☐

N2 133

	vero	falso
1) Da grande Francesco voleva diventare un poliziotto.	☐	☐
2) Sognava di lavorare come attore.	☐	☐
3) Adesso lavora in una banca.	☐	☐
4) Francesco dirige una banca.	☐	☐

リスニングのポイント

Ⅰ

N1 現在の職業は…？　聞いてみましょう。
ha cominciato ___ lavorare in un ristorante ______ _________ …
〈cominciare a ＋動詞の原形〉で「〜し始める」、〈come ＋名詞〉は、ここでは「〜として」。そして将来は…　ma il suo ________ è __________ ____ __________ ですね。è 以下、原形の diventare は名詞化して「〜になること」。frequentare は他動詞で「〜へ（＝直接目的語）通う」。un corso da sommelier「ソムリエになるための講座」。

N2 冒頭の疑問文の動詞 ti trovi は再帰動詞 trovarsi「居心地が〜である」。alunno「生徒、児童」。a vista d'occhio は「見渡すかぎり」という意味もありますが、ここでは「みるみるうちに」。indisciplinato「規律の乱れた」⟷ disciplinato「規律に従う、従順な」。名詞 disciplina「教え、学科、規律、行儀」などの派生語とともに覚えましょう。Ti ascoltano の ti は直接目的語の代名詞「きみを」、ascoltano は3人称複数形なので主語は alunni、gli spieghi の gli は間接目的語の代名詞「彼らに＝ alunni に」、spieghi は2人称単数形なので主語は tu ですね。動詞の活用形から、主語を確定させましょう。〈essere contento di ＋動詞の原形〉で「〜することに満足している」。

N3 最初のフレーズを聞き取りましょう。
____ _____ _______ diverse volte.
cambiare casa「引っ越す」、cambiare idea「考えを変える」、cambiare treno「電車を乗り換える」など、いろいろな表現がありますが、ここでは「転職する」。
最初は l'impiegata「会社員」、男性の場合は l'impiegato。ditta di import-export は「輸出入の会社＝商社」。次は siccome …「なので」、〈essere capace di ＋動詞の原形〉で「〜する能力がある」で、segretaria「秘書」、男性の場合は segretario。
最後は un lavoro a contatto con la gente「人々と接触のある仕事」、つまり adesso ______ ___ ______ _______ ですね。

approfittare di ...「〜を利用する、活用する」。

〜の仕事をしている

fare ＋定冠詞＋職業名
essere ＋職業名
lavorare come ＋職業名

Ⅱ

N1 banco は「市場などの屋台、スタンド」。彼は mercatino（mercato 市場＋縮小辞 -ino）小さな市場で働いています。a chilometro 0（ア キローメトロ ゼーロ）は「ゼロキロメートル地点の＝地産地消の」。frutta e verdura le prendo は、直接目的語である frutta e verdura を強調するために動詞の前に出したので、動詞の直前で代名詞（frutta e verdura で女性名詞・複数なので le）にして繰り返します。oltre a ...「〜に加えて、〜のうえ」、ecosostenibile は、eco-「環境」＋ sostenibile「持続可能な（sostenere 支える＋ -bile 可能な）で「環境にやさしい」。

N2 最初の疑問文は da grande で「大きくなったら」（Lezione 4、30 ページ参照）。da piccolo「子どものころは」non avevo un'idea chiara。一方、友達は piloti d'aereo, meccanici, poliziotti, giocatori ... だったのですね。
そして da studente「学生時代」になると、volevo fare ________________ です。Mi sarebbe piaciuto は mi piace の条件法過去で、「実現しなかった過去」＝「〜してもよかったかもしれない」。da vedere は「見るもの＝映画、演劇など」。dirigendo の原形は dirigere「指揮管理する」。
でも今は… Fai ______________ in banca. で、in realtà「実際には、現実には」、mi piace essere diretto dalle persone です。essere diretto は「助動詞 essere ＋他動詞 dirigere の過去分詞」で受動態です。da ... は「〜によって」。つまり「人々によって、指揮管理される」。

職業名

impiegato / impiegata	会社員
impiegato / impiegata statale	国家公務員
insegnante	教師、講師
docente	教員、教授
professore / professoressa	教授
ricercatore / ricercatrice	研究者
giornalista	ジャーナリスト
postino / postina	郵便配達員
commesso / commessa	店員
medico	医者
dentista	歯医者
infermiere / infermiera	看護師
farmacista	薬剤師
badante	介護士
cuoco / cuoca	料理人
pizzaiolo / pizzaiola	ピッツァ料理人
pasticcere / pasticcera	パティシエ
barista	バールの主人、バーテンダー
cameriere / cameriera	ウエイター、ウエイトレス
contadino / contadina	農民
pescatore / pescatrice	漁師
artigiano / artigiana	職人
carpentiere / carpentiera	大工
ingegnere / ingegnera	エンジニア
operaio / operaia	工員
commerciante	商人
traduttore / traduttrice	翻訳家
interprete	通訳
falegname	建具屋
fioraio / fioraia	花屋（の人）
benzinaio / benzinaia	ガソリンスタンドの従業員
meccanico / meccanica	自動車整備士
corriere	運送業者

presidente	社長
segretario / segretaria	秘書、事務員
politico / politica	政治家
avvocato	弁護士
giudice	判事
procuratore / procuratrice	検事
poliziotto / donna poliziotto	警察官
conducente	運転手
casalingo / casalinga	主夫 / 主婦
pensionato / pensionata	年金生活者
direttore / direttrice (di ...)	校長、監督、部長など
responsabile (di ...)	責任者、担当
addetto / addetta (a ...)	～の係りの人
cassiere / cassiera	（銀行の）窓口の人、（お店の）レジの人
consulente (di ...)	～系のコンサルタント
guida	ガイド
produttore / produttrice	プロデューサー
allenatore / allenatrice	トレーナー、コーチ
scrittore / scrittrice	作家
poeta / poetessa	詩人
critico / critica	評論家
compositore / compositrice	作曲家
musicista	音楽家
pittore / pittrice	画家
regista	監督、演出家
attore / attrice	俳優
fotografo / fotografa	写真家
cantante	歌手
modello / modella	モデル
ballerino / ballerina	ダンサー
giocatore / giocatrice	スポーツ選手
estetista	エステティシャン
parrucchiere / parrucchiera	理容師、美容師
truccatore / truccatrice	メイクアップアーティスト

解答 & スクリプト

I

N1 c 129

D: Giorgio, dopo gli studi, ha cominciato a lavorare in un ristorante come cameriere, ma il suo sogno è diventare un cuoco. Una volta alla settimana frequenta anche un corso da sommelier.

女：ジョルジョは、学校を卒業した後、レストランでウエイターとして働き始めた。が、彼の夢はコックになることだ。週に一度、ソムリエの講座にも通っている。

N2 c 130

U: Come ti trovi a scuola?

D: Bene. Gli alunni crescono a vista d'occhio.

U: Ma non sono indisciplinati? Ti ascoltano quando gli spieghi?

D: Sì, sì. Studiano molto e fanno i compiti. Sono contenta di lavorare lì.

男：学校はどう？

女：いいわよ。生徒たちはスクスク成長するの。

男：ルールを守らなかったりしない？　きみが彼らに説明するときは、きみの言うことを聞いてる？

女：ええ。よく勉強して、宿題をやってくるわ。あそこで働いて、満足しているの。

N3 a 131

D: Ho cambiato lavoro diverse volte. Prima facevo l'impiegata di una ditta di import-export. Poi, siccome sono capace di parlare oltre all'inglese anche lo spagnolo e il francese, ho lavorato come segretaria di una ditta americana. Ma dopo un po' ho voluto fare un lavoro a contatto con la gente, e adesso faccio la guida turistica approfittando delle mie capacità linguistiche.

女：私は何度か転職した。最初は商社で会社員をしていた。そして、英語のほかにスペイン語、フランス語も話せるので、アメリカの会社で秘書として働いた。けれども、しばらくして、人と関わる仕事がしたくなって、今は語学力を活かして、観光ガイドをしている。

Ⅱ

N1 🎧132

D: Mmh... Che buone queste pesche! Sono del tuo banco?

U: Sì, da quando ho cominciato a lavorare al mercatino a chilometro 0 frutta e verdura le prendo solo lì.

D: Bravo! Oltre a essere ecosostenibili, sono anche molto più buone di quelle del supermercato.

女：この桃、おいしい！　あなたのスタンドのなの？

男：そうだよ、地産地消の小さな市場で働き始めてから、果物と野菜は、かならずそこで買ってるんだ。

女：さすがね！　環境にやさしいだけではなくて、スーパーのより、ずっとおいしいわ。

1）彼は桃をスーパーで買った。　**falso**

2）彼は市場で働いている。　**vero**

N2 🎧133

D: Quando eri piccolo cosa volevi fare da grande, Francesco?

U: Mah, da piccolo non avevo un'idea chiara, mentre i miei amici volevano diventare piloti d'aereo, meccanici, poliziotti, giocatori...

D: Ma avevi qualche sogno, no?

U: Da studente volevo fare il regista.

D: Di film?! Bello!

U: Non proprio di film. Anche quello d'opera andava benissimo. Mi sarebbe piaciuto creare qualcosa da vedere dirigendo delle persone. Ma adesso...

D: Fai l'impiegato in banca.

U: Sì, in realtà mi piace essere diretto dalle persone!

女：フランチェスコ、子どものころ、大きくなったらなにになりたかった？

男：そうだねえ、子どものころは明確な考えを持っていなかったな。友達は飛行機のパイロットとかメカニック、警察官、サッカーの選手とか…

女：でも、なにか夢があったでしょう？

男：学生時代は、監督になりたかった。

女：映画の？　すてき！

男：映画とは限らないけれど。オペラの演出家でもよかった。人を動かして、なにか目にみえるものを創りたかったんだ。でも今は…

女：銀行員ね。
男：そう、じつは人に動かされるのも好きなんだ。

1）大きくなったら、フランチェスコは警官になりたかった。**falso**
2）俳優として働くことを夢見ていた。 **falso**
3）今は銀行で働いている。 **vero**
4）フランチェスコは銀行を経営している。 **falso**

前置詞 ― 働いている場所

Lavoro ... 私は～で働いている

一般的	特定的	
in ufficio	all'Ufficio *Reclami*	オフィス／クレーム受付係で
in banca	alla *Banca Centrale*	銀行／○○銀行で
in ospedale	all'ospedale *Gaslini*	病院／○○病院で
in farmacia	nella farmacia *comunale*	薬局／○○薬局で
in teatro	al *Teatro Massimo*	劇場／○○劇場で
a scuola	alla scuola *Cassini*	学校／○○校で
in una ditta	alla *Traslochi-Amo S.p.A.*	会社／○○株式会社で
in un ristorante	al ristorante *Zeffirino*	レストラン／○○レストランで
in un supermercato	alla *Coop*	スーパー／○○で
in un grande magazzino	alla *Rinascente*	デパート／○○で
in un centro commerciale	ai *Gigli*	ショッピングセンター／○○で
in un negozio	nel negozio della *Apple*	ショップ／○○店で

※前置詞が変わる場合が多いので、要注意。
※ S.p.A：Società per Azioni 株式会社

Lezione 19 日常生活

就業時間、ランチ ………… 生活習慣

Ⅰ 会話を聞いて、イラストを選びましょう。 134〜136

N1 134

a

b

7

c

8

N2 135

a 10：00 | 7：00

b 10：00 | 6：00

c 10：00 | 7：00

1：00 | 2：00

1：00 | 2：00

12：00 | 1：00

N3 136

a

b

c

N1 134 ________

N2 135 ________

N3 136 ________

II 会話を聞いて、内容があっていれば vero、間違っていれば falso にチェックしましょう。 137〜139

N1 137

	vero	falso
1) Oggi ha pranzato al bar.	□	□
2) Di solito pranza sempre da sola al bar.	□	□

N2 138

	vero	falso
1) Federica si è già laureata.	□	□
2) Federica lavora all'estero.	□	□
3) Federica vuole studiare le lingue.	□	□

N3 139

	vero	falso
1) Lui vuole uscire venerdì.	□	□
2) Lei deve alzarsi presto domani.	□	□
3) Escono insieme questa sera.	□	□

リスニングのポイント

Ⅰ

N1 ふだんは何時に起きるかを話しています。faccio tardi で「(私は) 遅刻する」。フランコのオフィスは、家から遠いのですね。そのあとを、聞き取ってみましょう。

Se _______, io _____ _________ più tardi, magari alle otto.

仮定文です。se の節の動詞は接続法です。そして主節の動詞は条件法です。

仮定文

①現在から未来にかけて、実現の可能性が十分にあること

Se prendo/prenderò l'aereo, arrivo/arriverò fra due ore a Milano.　もし飛行機に乗れば、2 時間後にミラノに到着する。

→〈se ＋直説法現在・未来〉＋〈直説法現在・未来〉

②現在の事実に反する仮定に基づくこと

Se avessi le ali, verrei subito da te.

もし翼があったら、あなたのところへすぐ行くのに。

→〈se ＋接続法半過去〉＋〈条件法現在〉

③実現の見込みが（ほとんど）ない仮定に基づくこと

Se vincessi al lotto, farei un viaggio per tutta l'Italia.

宝くじに当たったら、イタリア中を旅行するのに。

→〈se ＋接続法半過去〉＋〈条件法現在〉

④過去の事実に反する仮定に基づく過去のこと

Se mi avessi ascoltato, non avresti sbagliato.

私の言うことを聞いていれば、（きみは）まちがえなかったのに。

→〈se ＋接続法大過去〉＋〈条件法過去〉

⑤過去の事実に反する仮定に基づく、現在のこと

Se avessi potuto prendere quel treno, ora sarei a Firenze.

あの電車に乗れていたら、いまごろはフィレンツェなのに。

→〈se ＋接続法大過去〉＋〈条件法現在〉

N2 lezione on-line オンライン授業が、una dopo l'altra（対象が男性名詞の場合は、uno dopo l'altro）次から次へとあります。〈da ... fino a ～〉で「…から～まで」。
non ... nemmeno は強い否定で、「…さえ～ない」。そのあとを聞き取りましょう。
Forse sì, ho __________ libera dopo __________. 最初の単語は、un'ora に縮小辞の -etta がついています。

N3 La mattina di Luisa passa presto, perché ____ molto _____ fare.
後半のブランクは〈da ＋動詞の原形〉で「～すべき」。
では、順を追ってみましょう。
まず、alle sei, appena alzata, ___ ___ _________ con il suo cane.
そして、Quando torna a casa ________ ___ ________ per i figli.
Dopo che loro sono andati a scuola のあとは、__________ _____ _____ ________ bere un caffè e anche Luisa ___ _________ _____ insieme a lui.
ne は数量の表現（ここでは uno ＝ un caffè）があるときに使われる代名小詞です。
最後に、Quando è uscito suo marito, ___ finalmente ___ _____ e ___ ________ ___ andare a fare la spesa.

(II)

N1 女性の冒頭は〈o A o B〉で「A か B か」。〈A o B〉の「A または B」より、選択のニュアンスが強くなります。
oggi ___________ ______ ________ nel pomeriggio だったので、_____ _______ a casa a pranzare.

N2 Doveva は dovere の直説法半過去・3 人称単数形。半過去は未完了時制なので、「～のはずだったのだが」。そこで、Vediamo come _______ l'anno prossimo. なのですね。
Ma a fare che all'estero? は、Che cosa va a fare all'estero?「外国に、なにをしに行くのか？」。

N3 冒頭の Ti va di ... は〈間接目的語の代名詞＋ andare の 3 人称単数形＋ di ＋動詞の原形〉で「きみは～する気がある」。Perché non ...? は「～しない？」という勧誘で、〈stare per ＋動詞の原形〉は「まさに～するところだ」。最後の Perché no! は、sì の強調。

時刻の言い方

	12 時間法	24 時間法
午後 5 時だ。	Sono le cinque.	Sono le diciassette.
午後 5 時 15 分だ。	Sono le cinque e un quarto.	Sono le diciassette e quindici.
午後 5 時 30 分だ。	Sono le cinque e mezzo / mezza.	Sono le diciassette e trenta.
午後 5 時 45 分だ。	Sono le cinque e tre quarti.	Sono le diciassette e quarantacinque.
午後 5 時 55 分だ。	Sono le sei meno cinque.	Sono le diciassette e cinquantacinque.

・1 時（l'una）を使うとき、動詞はつねに essere の 3 人称単数形

È l'una.
È l'una e venti.
È l'una meno cinque.

・正午 / 真夜中の場合

È mezzogiorno e mezzo.　昼の 12 時 30 分だ。
È mezzanotte e tre quarti.　夜中の 12 時 45 分だ。

解答 & スクリプト

N1 a 134

D: Tu, Franco, di solito a che ora ti alzi?

U: Mi alzo alle sei, se no faccio tardi al lavoro.

D: Alle sei? Sei così mattiniero?

U: Purtroppo il mio ufficio è abbastanza lontano. Se potessi, io mi alzerei più tardi, magari alle otto.

女：フランコ、あなたはふだん何時に起きるの？
男：6時に起きるよ。そうしないと、仕事に遅刻するから。
女：6時に？　そんなに早起きなの？
男：残念ながら、ぼくのオフィスは結構遠くてね。できることなら、もっとゆっくりと、8時に起きたいところなんだけど。

N2 a 135

U: Marta, ci vediamo per un caffè più tardi?

D: Guarda, oggi devo studiare tutto il giorno: ho tantissime lezioni online, una dopo l'altra, dalle 10 fino alle 7.

U: Mamma mia! Non hai tempo nemmeno per pranzo?

D: Forse sì, ho un'oretta libera dopo l'una.

男：マルタ、あとでコーヒーでも飲みながら会わない？
女：う～ん、今日は1日中、勉強しなくちゃならないの。10時から7時まで、オンライン授業が次から次へとあるのよ。
男：それは大変だ！　ランチの時間もない？
女：たぶん大丈夫。1時過ぎに、小1時間の休憩があるわ。

N3 a 136

U: La mattina di Luisa passa presto, perché ha molto da fare: alle sei, appena alzata, va a passeggiare con il suo cane. Quando torna a casa prepara la colazione per i figli. Dopo che loro sono andati a scuola tocca a suo marito bere un caffè e anche Luisa ne beve uno insieme a lui. Quando è uscito suo marito, fa finalmente la doccia e si prepara ad andare a fare la spesa.

男：ルイーザの朝は、速く過ぎる。やらなければならないことが、たくさんあるからだ。起き抜けの6時に、犬と散歩に行く。家に帰ると、子どもたちに朝食を準備する。彼らが学校へ行ったあと、夫がコーヒーを飲む番になる。そしてルイーザも彼といっしょに1杯飲む。夫が出かけると、やっとシャワーを浴びて、買い物へ行く支度をする。

Ⅱ

N1 137

U: Come pranzi di solito?

D: O prendo un panino al bar che sta vicino all'ufficio o vado in una trattoria con i colleghi. Ma oggi avevo tempo libero nel pomeriggio così sono tornata a casa a pranzare.

男：いつも昼食は、どうしているの？

女：オフィスの近くにあるバールでパニーノを食べるか、同僚たちとトラットリアへ行くわ。けれども、今日は午後に自由な時間があったので、昼食をとりに家へ戻ったの。

1）今日はバールで昼食をとった。 **falso**

2）ふだんはいつも、バールでひとりで昼食をとる。 **falso**

N2 138

D: Come sta tua figlia?

U: Federica? Sta bene, grazie.

D: Si è già laureata?

U: Doveva... Vediamo come andrà l'anno prossimo.

D: Ma ha cominciato a lavorare, vero?

U: Sì, perché vuole andare all'estero dopo la laurea. Ci vogliono i soldi...

D: Ho capito. Ma a fare che all'estero? A studiare?

U: Penso di sì. A lei piacciono le lingue straniere.

女：娘さんは、お元気？

男：フェデリーカ？　うん、おかげさまで元気だよ。

女：もう大学は卒業したの？

男：そのはずだったんだけれど…　来年はどうなるかってところだね。

女：でも、もう働き始めたんでしょう？

男：うん、卒業後に外国に行きたいとかで。お金が必要だから…

女：なるほどね。外国には、なにをしに行くの？　勉強？

男：そうだと思う。外国語が好きなんだ。

1）フェデリーカは、もう大学を卒業した。 **falso**
2）フェデリーカは外国で働いている。 **falso**
3）フェデリーカは語学を勉強したい。 **vero**

N3 139

U: Ti va di andare a bere qualcosa venerdì sera?
D: Verrei volentieri, ma non posso. Sabato devo alzarmi all'alba, ho il turno di mattina. Perché non andiamo oggi, invece? Io sto per staccare!
U: Perché no!

男：金曜日の夜、一杯どう？
女：ぜひ行きたいところだけれど、だめなの。土曜日は早起きしなくちゃ、早番だから。金曜日ではなくて、今日、行かない？　私はちょうど、仕事を終えるところよ。
男：いいね！

1）彼は金曜日に出かけたい。 **vero**
2）彼女は、明日、早起きしなければならない。 **falso**
3）彼らは、今夜、いっしょに出かける。 **vero**

Lezione 20

週末の過ごしかた

家の掃除、デート ………… 週末の様子を語る

Ⅰ 会話を聞いて、イラストを選びましょう。 140〜142

N1 140

a

b

c

N2 141

a

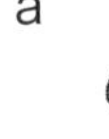

b

c

N3 142

a

b

c

N1 140 ＿＿＿＿＿＿　N2 141 ＿＿＿＿＿＿　N3 142 ＿＿＿＿＿＿

II 会話を聞いて、内容があっていればvero、間違っていればfalsoにチェックしましょう。 143〜146

N1 143

	vero	falso
1) È andato a trovare un suo amico.	□	□
2) Per il ritorno ci hanno messo poco tempo.	□	□
3) Adesso deve abitare fuori città.	□	□

N2 144

1) Di solito lui sta in casa durante il fine settimana.	□	□
2) Lei vuole tanto nuotare quanto prendere il sole.	□	□
3) Lui ha già deciso di andare in piscina.	□	□

N3 145

1) Lui guarda una partita di calcio alla TV.	□	□
2) Lei va a sciare.	□	□
3) A lei piace fare sport sudando.	□	□

N4 146

1) Hanno visto un film americano.	□	□
2) C'erano dei posti in piedi nella sala.	□	□
3) Durante il fine settimana hanno speso molto.	□	□

リスニングのポイント

Ⅰ

N1 Com'è andato / andata ...? は、「〜は、どうだった？」
そのあとの女性のフレーズを聞き取りましょう。再帰動詞の近過去時制です。Insomma _____ _____ ________ , vero?　最後の vero? は、念押しの「〜ですね？」。
その返答 Come no! は、sì の強調です。

N2 女性のフレーズを聞き取ってみましょう。
Non ho fatto_______ _____ ____________________.
具体的には、ho pulito > pulire「掃除する」、ho stirato > stirare「アイロンをかける」。そして、E così la giornata _____ _________.
passare は、自動詞（助動詞＝ essere）と他動詞（助動詞＝ avere）の両方で使います。ここでは自動詞で「過ぎ去る」。

N3 中心街へジャケットを買いに行ったのですが…
Ma _____ _____ ________ e _____ _____ ________ in un bar.
どちらも近過去時制ですが、最初のほうには直接目的語の代名詞が使われています。過去分詞の語尾に注意しましょう。
guarda caso を直訳すると「偶然を見ろ」→「すごい偶然が起きた」。
compagno は「仲間、同級生」、scuola elementare は「小学校」。

Ⅱ

N1 il fine settimana は「週末」、男性名詞です。paesino は、paese（村）＋縮小辞 -ino で「小さい村」。ふたたび街に入る（＝家に帰る）のに、non puoi immaginare（きみは想像することができない＝非常に〜）_______ _______ _____ _____ ________ per rientrare in città. 動詞の原形は metterci「人が、お金や時間をかける」。volerci と混同しないように気をつけましょう。

metterci（～をかける）の使い方

	現在	近過去
io	ci metto	ci ho messo
tu	ci metti	ci hai messo
lui / lei	ci mette	ci ha messo
noi	ci mettiamo	ci abbiamo messo
voi	ci mettete	ci avete messo
loro	ci mettono	ci hanno messo

volerci（～がかかる）の使い方

現在	近過去
ci vuole ＋ 単数名詞	ci è voluto ＋ 単数名詞・男性 ci è voluta ＋ 単数名詞・女性
ci vogliono ＋ 複数名詞	ci sono voluti ＋ 複数名詞・男性 ci sono volute ＋ 複数名詞・女性

N2 週末のお誘いです。

Perché non _____ _____ _______ invece di rimanere sempre in casa?

〈invece di ＋動詞の原形〉で「～するかわりに」。

ところが男性は、Beh, non ____ nuotare. と答えています。〈sapere ＋動詞の原形〉で「～する能力がある」。そこで女性は、Tanto（どうせ）anche noi（私たちも）ci andiamo（ci は〈場所の ci〉＝ in piscina プールに）per prendere il sole（日光浴をしに）più che per nuotare（泳ぐというよりは）。

男性は ____ penso un po'. 〈pensare a ...〉で「～のことを考える」。この場合は、プールに行くかどうかです。〈a ...〉を繰り返す必要がない場合は、代名小詞 ci になり、活用している動詞の前に置きます。

N3 男性の最初のフレーズを聞き取ってみましょう。

No. Oggi ______ ___ _____ giocare ___ calcio.

動詞は toccare（自動詞）で、〈3 人称単数形 tocca ＋（a ＋人＝ダレダレに)＋動詞の原形〉で「ダレダレが～する番である」。つまり「とうとう～する」というニュアンスです。
〈giocare a ＋スポーツ名〉で「～をする」。
すると女性が、Non _____ ________ _____ che ti piace giocare a tennis? 時制は、ある過去よりも以前に起こったことを表す直説法大過去です。その答えは、Sì, mi piacciono ______ __ ______.
真ん中の e を忘れないように。

いろいろなスポーツ

giocare a ＋ スポーツ名

calcio	サッカー
pallacanestro / basket	バスケットボール
pallavolo	バレーボール
pallanuoto	水球
tennis	テニス
baseball	野球
golf	ゴルフ

fare ＋ 競技名

ciclismo	サイクリング、自転車競技
atletica	運動競技
canottaggio	ボート、カヌー
pugilato	ボクシング
pattinaggio	スケート

N4 どんな日曜日だったか、追ってみましょう。Sì e no. のあと、______ ________ ____ vedere quel nuovo film americano だったのですが ma la sala era _________ だったので、Per questo（そのため）_____ _____ _________ ___ cambiare programma. 動詞の原形は costrigere、他動詞で「強いる、余儀なくする」。「余儀なくされた」は「受動態の過去」なので〈essere ＋ stato ＋他動詞の過去分詞〉。

受動態

① essere / venire ＋他動詞の過去分詞（＋ da ...）

現在

Anna è invitata da Marco.　アンナはマルコに招待される。

Carla viene invitata da Marco.　カルラはマルコに招待される。

Anna e Carla sono invitate da Marco.

アンナとカルラはマルコに招待される。

近過去

Anna è stata invitata da Marco.　アンナはマルコに招待された。

Anna e Carla sono state invitate da Marco.

アンナとカルラはマルコに招待された。

※〈venire ＋過去分詞〉は単純時制のみ

② andare ＋他動詞の過去分詞（＋ da ...）

現在

Queste verdure vanno messe nel frigorifero.

これらの野菜は冷蔵庫に入れられるべきだ。

※〈andare ＋過去分詞〉は単純時制のみ

解答 & スクリプト

N1 b 140

D: Com'è andata la festa di compleanno di Gianni?

U: È andata benissimo. C'era tanta gente, abbiamo mangiato, bevuto, chiacchierato...

D: Insomma ti sei divertito, vero?

U: Come no!

女：ジャンニの誕生会は、どうだった？

男：とてもよかったよ。大勢の人がいて、食べたり、飲んだり、おしゃべりしたり…

女：つまり、楽しんだのね？

男：もちろんだよ！

N2 a 141

U: Dove sei stata domenica? Cosa hai fatto?

D: Non ho fatto niente di particolare: ho pulito la casa, poi anche il giardino e la cuccia del cane, e ho stirato...

U: E così la giornata è passata.

D: Praticamente sì.

男：日曜日は、どこにいたの？　なにをしたの？

女：特別なことは、なにもしなかったわ。家を掃除して、それから庭と犬小屋もきれいにして、アイロンをかけて…

男：そうして、1日が終わっちゃったんだ。

女：実際のところ、そうね。

N3 a 142

D: Sei uscito ieri?

U: Sì, sono andato a comprare una giacca in centro. Ma non l'ho trovata e mi sono fermato in un bar. E lì, guarda caso, ho incontrato un vecchio amico.

D: Chi?

U: Pino. Un mio compagno della scuola elementare.

女：昨日は、出かけたの？

男：うん、中心街にジャケットを買いに行った。けれど見つからなくて、バールに立ち寄ったんだ。そしたら、そこで、なんとビックリ、古い友人にばったり会ったんだよ。

女：だれ？

男：ピーノ。小学校の同級生だ。

N1 143

D: Hai fatto qualcosa di bello il fine settimana?

U: Domenica mattina siamo partiti con la macchina per un paesino dove abita un mio amico. Ci ha invitato perché c'era una sagra.

D: Bello!

U: Sì, la sagra è stata bellissima. Ma guarda, non puoi immaginare quanto tempo ci abbiamo messo per rientrare in città. Alla fine m'è venuta voglia di abitare in periferia.

女：週末、なにか楽しいことをした？

男：日曜日の朝、ぼくの友人が住んでいる小さな村へ、車で出かけたよ。収穫祭があったから、ぼくたちを招待してくれたんだ。

女：すてき！

男：うん、収穫祭はとてもよかった。でも聞いてよ。街へ帰ってくるのに、どのくらいの時間がかかったか、きみは想像できないよ。ついには、郊外に住みたくなっちゃったよ。

1）彼の友人に会いにいった。 **vero**

2）帰路には、あまり時間がかからなかった。 **falso**

3）今は、郊外に暮らさなければならない。 **falso**

N2 🎧144

D: Hai già programmato qualcosa per questo fine settimana?

U: Non ancora. E voi dove andate di bello?

D: Noi andiamo in piscina. Perché non vieni con noi invece di rimanere sempre in casa?

U: Beh, non so nuotare.

D: Non c'è problema. Tanto anche noi ci andiamo per prendere il sole, più che per nuotare.

U: Va be'. Ci penso un po'.

女：今週末の予定は、もう立てた？

男：まだだよ。きみたちは、どこかへ行くの？

女：私たちはプールに行くの。いつも家にいてばかりいないで、私たちと来ない？

男：でも、泳げないんだ。

女：構わないわよ。どうせ私たちも泳ぐというより、日光浴に行くんだから。

男：そうだね。ちょっと考えてみる。

1）週末のあいだ、彼はふつう家にいる。 **vero**

2）彼女は日光浴をしたいのと同じくらい、泳ぎたい。 **falso**

3）彼は、もうプールに行くと決めた。 **falso**

N3 🎧145

D: Che fai nel pomeriggio? La solita partita alla TV?

U: No. Oggi tocca a me giocare a calcio.

D: A calcio? Non mi avevi detto che ti piace giocare a tennis?

U: Sì, mi piacciono tutti e due.

D: Sei sportivo, eh? A me invece piace sciare e nuotare.

U: Ah, non ti piace sudare sotto il sole.

女：午後はなにをするの？　いつものようにテレビでサッカー観戦？

男：違うんだ。今日は、ぼくがサッカーをする。

女：サッカー？　テニスが好きだって言ってなかった？

男：うん。両方とも好きだよ。

女：スポーツ好きなのね。私はスキーと水泳が好きだけど。

男：ああ、きみは太陽の下で汗をかくのが嫌なんだね。

1）彼はテレビでサッカーの試合を観戦する。 **falso**

2）彼女はスキーに行く。 **falso**

3）彼女は汗をかきながらスポーツをするのが好きだ。 **falso**

N4 146

D: Siete andati al cinema domenica?

U: Sì e no. Abbiamo tentato di vedere quel nuovo film americano, ma la sala era affollatissima e...

D: Non c'erano neanche dei posti in prima fila?

U: Eh no, nemmeno quelli. Per questo siamo stati costretti a cambiare programma. Però non volevamo spendere tanto...

D: Alla fine che cosa avete fatto quindi?

U: Abbiamo noleggiato un monopattino elettrico e abbiamo fatto un giro al Lido.

D: Ah, interessante!

女：日曜日、あなたたちは映画に行ったの？

男：行ったといえば行ったんだ。あの新しいアメリカ映画を観ようとしたんだけれど、映画館がすごく混んでいて…

女：最前列に数席もなかったの？

男：なかった、それすら。だから、予定を変えざるを得なくなったんだけれど、お金をたくさん使いたくなかったから…

女：結局、あなたたちはなにをしたの？

男：電動キックボードをレンタルして、リド島を走り回った。

女：それは楽しいわね！

1）彼らはアメリカ映画を観た。 **falso**

2）映画館には立見席があった。 **falso**

3）週末、彼らはたくさんのお金を使った。 **falso**

Lezione 21

カゼをひいた

病気、ケガ、薬 …… 医者のアドバイス

I 会話を聞いて、内容にあっているものを選びましょう。 147〜149

N1 147

Carla ...

1) ... sta bene.
2) ... ha sonno.
3) ... non ha voglia di mangiare.

N2 148

Fabio ...

1) ... è raffreddato.
2) ... ha avuto un incidente.
3) ... è in ospedale.

N3 149

Secondo lui, lei ...

1) ... è influenzata.
2) ... ha battuto la testa.
3) ... è raffreddata.

(II) 必要なものは、なんでしょう？ 150〜152

N 1 150

1) Un cerotto.
2) Un fazzoletto.
3) Una compressa.

N 2 151

1) Una crema.
2) Una capsula.
3) Un purgante.

N 3 152

1) Un disinfettante.
2) Un collirio.
3) Un antipiretico.

III 会話の内容にあっているイラストを選びましょう。 153〜155

N1  153

a 

b 

c 

N2 154

a 

b 

c 

N3 155

a 

b 

c 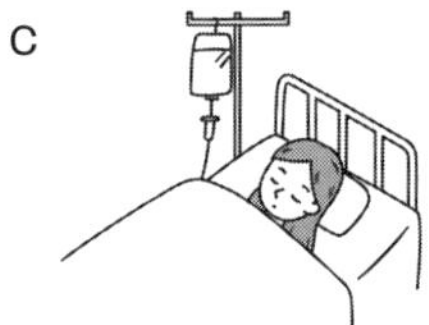

N1  153 ____________

N2  154 ____________

N3 155 ____________

リスニングのポイント

Ⅰ

N1 Ti vedo ... の直訳は、「～なきみを、私は見る」。giù は、場所の表現としては「下に」ですが、肉体的・精神的に「元気がない、落ち込んでいる」という意味もあります。
appetito「食欲」は Buon appetito!「召し上がれ！」でも使いますね。

N2 冒頭のフレーズが鍵ですね。聞いてみましょう。
Sai che Fabio ____ _____ _______? 動詞の原形は ricoverare、他動詞で「収容する、入れる」。ここでは受動態の過去形です。
Che gli è successo?「なにが彼に起こったのか？」。gli「彼に（間接目的語の代名詞）」、succedere「起こる」の過去分詞は successo。
Ne uscirà fra tre giorni. の ne は〈da ＋場所〉、つまり dall'ospedale「病院から」。

N3 冒頭の Che hai? の直訳は「きみはなにを持っているの？」ですが、これで具合が悪そうな人に尋ねる「どうしたの？」。形容詞 pallido は「顔色が青白い、血の気がない」。
essere raffreddato, avere il raffreddore は「風邪をひく」、essere influenzato, avere l'influenza で「インフルエンザに罹る」。

Ⅱ

N1 sfregare は他動詞で「(～を) 擦って傷をつける」。主語が Queste scarpe で、mi は間接目的語の代名詞で「私にとって＝私の」、il piede の持ち主を表します。

N2 Mi sono bruciata は、再帰動詞 bruciarsi「火傷をする」の近過去形です（主語は女性）。

N3 冒頭の Lavorando は、動詞 lavorare のジェルンディオです。ここでは理由を示す「～なので」。

ジェルンディオの使い方

① ～しながら（同時進行）

Lavoro a casa da remoto ascoltando musica.
音楽を聞きながら、私は家でリモートワークする。

② ～して（様態）

Facendo tanta fatica mia sorella ha buttato via i suoi vestiti vecchi. 非常に苦労しながら、私の姉（妹）は古着を捨てた。

③ ～なので（理由）

Non avendo il suo indirizzo e-mail, gli ho scritto una cartolina.
彼のメールアドレスを知らなかったので、ハガキを書いた。

④ ～すれば（条件）

Conoscendolo ti piacerà. 彼を知れば、（きみは彼のことを）好きになるよ。

III

N1 動詞 vaccinarsi は「ワクチン（予防接種）を受ける」。essere vaccinato で「ワクチンを接種済みである」。名詞は vaccino。形容詞 obbligatorio は「義務的な、強制的な」。反意語は facoltativo で「任意の」。visita di controllo は「健康診断」。

N2 冒頭を聞き取りましょう。Le ________ ____ fumare meno. 〈consigliare ＋（a+ 人）＋（di ＋原形）〉で「ダレダレに～することを勧める。ここでは、間接目的語の代名詞が Le「あなたに」なので、敬称を使って話しています。〈dire di ＋原形〉は「～しなさいと言う」。se ci riuscisse, sarebbe sicuramente meglio は仮定文です（112 ページ参照、Lezione 19）。riuscisse の前の ci は、se riuscisse a smettere di fumare の a 以下の内容を受ける代名小詞。

N3 la ricetta「処方箋」ですが、料理の話しをしているときは「レシピ」。Non si preoccupi は「～しないでください」という否定命令（敬称）です。動詞の原形は preoccuparsi で、親称に対しては Non preoccuparti. または Non ti preoccupare. となります。fino a quando は「～まで」。そのあとの la febbre non scende の non に意味はありません。

身体部位

	単数	複数
顔	la faccia, (口語的) il viso	
頭	la testa	
髪	il capello	i capelli
耳	l'orecchio	le orecchie
鼻	il naso	
目	l'occhio	gli occhi
まつ毛	il ciglio	le ciglia
眉毛	il sopracciglio	le sopracciglia
まぶた	la palpebra	le palpebre
口	la bocca	
唇	il labbro	le labbra
首	il collo	
肩	la spalla	le spalle
胸	il petto	
腹	la pancia	
背中・腰	la schiena	
脇腹	il fianco	i fianchi
腕	il braccio	le braccia
肘	il gomito	i gomiti
手首	il polso	i polsi
手	la mano	le mani
指	il dito	le dita
爪	l'unghia	le unghie
太腿	la coscia	le coscie
膝	il ginocchio	le ginocchia
脛	lo stinco	gli stinchi
足首	la caviglia	le caviglie
足(くるぶしより上)	la gamba	le gambe
足(くるぶしより下)	il piede	i piedi

解答&スクリプト

N1 3 147

U: Ciao, Carla! Come stai? Ti vedo un po' giù!

D: Sono un po' stanca e non ho appetito.

男：やあ、カルラ！　どう？　ちょっと元気がないみたいだね。
女：少し疲れていて、食欲がないの。
カルラは…
1）元気だ。　2）眠い。　3）食べたくない。

N2 3 148

D: Sai che Fabio è stato ricoverato?

U: Davvero? Che gli è successo?

D: L'appendicite. Ne uscirà fra tre giorni.

女：ファビオが入院したって、知ってる？
男：ほんとう？　どうしたの？
女：盲腸よ。たぶん3日後には退院するわ。
ファビオは…
1）風邪をひいた。
2）事故にあった。
3）病院にいる。

N3 1 149

U: Che hai? Sei pallida.

D: Forse sono raffreddata. Ho un mal di testa così forte che...

U: Secondo me hai l'influenza. Non mi avevi detto che tuo figlio era influenzato? Adesso tocca a te.

男：どうしたの？　顔色が悪いよ。
女：たぶん風邪をひいたんだわ。すごく頭が痛くて…
男：ぼくが思うに、インフルエンザだよ。きみの息子がインフルエンザに罹ったって言ってなかった？　今度はきみの番だよ。
彼によると、彼女は…
1）インフルエンザに罹った。
2）頭を打った。
3）風邪をひいた。

II

N1 1 🎧150

U: Ahi! Queste scarpe nuove mi sfregano il piede!

男：痛い！　新しい靴で靴擦れする！

1）絆創膏

2）ハンカチ

3）錠剤

N2 1 🎧151

D: Ahi! Mi sono bruciata con la pentola!

女：熱い！　鍋で火傷したわ！

1）クリーム

2）カプセル

3）下剤

N3 2 🎧152

U: Lavorando tutto il giorno al computer ho gli occhi stanchissimi.

男：1日中、コンピュータで仕事しているので、目が疲れ切っている。

1）消毒液

2）目薬

3）解熱剤

III

N1 b 🎧153

U: Signora, Suo figlio è vaccinato?

D: Sì, ha già fatto tutti i vaccini obbligatori.

U: Benissimo, allora facciamo solo una visita di controllo. Cominciamo con altezza e peso.

男：奥さん、あなたの息子さんはワクチンを接種しましたか？

女：ええ、義務となっているワクチンは、すべて打ちました。

男：結構です。では健康診断だけしましょう。まずは身長と体重ですね。

N2 c 154

D: Le consiglio di fumare meno. Non Le dico di smettere immediatamente, ma comunque se ci riuscisse, sarebbe sicuramente meglio. Poi faccia pure un po' di sport, qualcosa di leggero. Basterebbe camminare per esempio un'oretta, ma mi raccomando, lo faccia ogni giorno.

女：タバコの本数を減らすことをお勧めします。すぐに禁煙しろとは申しませんが、できればそうしたほうが、絶対にいいですよ。それから、なにか軽い運動を少ししてください。たとえば小1時間、歩くとか。でも、それを毎日してくださいね。

N3 b 155

U: Le scrivo la ricetta adesso. Non si preoccupi, è semplicemente raffreddata, non è influenzata. Le do un calmante per la tosse e un antipiretico. E deve stare a letto fino a quando la febbre non scende.

男：今、処方箋を書きますね。ご心配なさらなくても、大丈夫。ただの風邪で、インフルエンザではありません。せき止めと解熱剤を出しましょう。そして、熱が下がるまで安静にしていてください。

Lezione 22

もしもし…？

伝言を残す、予約の確認 ………………… 電話での会話

Ⅰ 会話を聞いて、イラストを選びましょう。 156〜157

N1 156

a

b

c

N2 157

a

b

c

N1 156 N2 157

__________ __________

II 会話を聞いて、正しいものを選びましょう。 158〜159

N1 158

1) Lei si chiama ...
   a) Bianchi. b) Banchi. c) Panchi.

2) Lei vuole ...
   a) riconfermare. b) prenotare. c) cancellare.

3) Lei aveva prenotato ...
   a) una camera singola.
   b) una camera doppia.
   c) tre camere singole.

N2 159

1) Dove ha chiamato il ragazzo?
   a) Una famiglia.
   b) Una scuola.
   c) Una ditta.

2) Che cosa suggerisce la signora al ragazzo?
   a) Di andare da lei.
   b) Di iscriversi subito.
   c) Di spiegare meglio.

3) Fino a quando è aperta la scuola?
   a) Fino alle sei.
   b) Fino alle sette.
   c) Fino alle otto.

N1 158			N2 159		
1)	2)	3)	1)	2)	3)
______	______	______	______	______	______

リスニングのポイント

Ⅰ

N1 冒頭のフレーズを聞き取りましょう。Pronto, ____ ______? Prontoは「もしもし」、続いて「誰が話していますか？」で「どなたですか？」。chiamo dallo studio ... の直訳は、「私は事務所から電話をしている」。a quest'ora は「こんな時間に」。
そのあと女性は ma purtroppo ___ ________ _________ と言っているので、la signorina Pozzi は不在です。そこで La posso ______ _______ appena torna.
〈fare ＋原形〉で「～させる＝使役」です。La は、richiamare の直接目的語の代名詞で「あなたを再び呼ばせる」＝「折り返し電話させる」。

N2 Vuole lasciare un messaggio? の直訳は「あなたは、メッセージを残したいですか？」。le dica di richiamare は、le 彼女に（dica の間接目的語の代名詞）、dica（動詞 dire の命令法・敬称）、di richiamare は〈dire di ＋原形〉で「～するように言う」。

Ⅱ

N1 女性のフレーズを聞き取りましょう。これが電話の目的です。
ho chiamato perché ________ ___________ la mia prenotazione.
volevo は動詞 volere の直説法半過去ですが、会話では vorrei の代わりに使われます。
non ci sono riuscita の ci は、〈riuscire a ＋原形〉の a 以下の内容をまとめた代名小詞です。ci を使わないと non sono riuscita a cancellare la mia prenotazione と、増長になってしまいますね。
Le confermo la cancellazione の直訳は、「私は、あなたに対して（＝あなたの）キャンセルを認める」。

N2 Vorrei qualche informazione su ... は、「～に関する、いくつかの情報をほしいのですが」。そのあとの単語は聞き取れましたか？
corso は「講座、コース」、trimestre は「（３カ月ごとの）学期」などは、学校用語です。
女性のフレーズ Le suggerirei di passare in segreteria は、

〈suggerire ＋（a ＋人）＋（di ＋原形）〉で「ダレダレに～することを勧める」を使って、「(できれば) あなたに事務所へ立ち寄ることを勧める」。

通信器具

固定電話	il telefono fisso
携帯電話	il telefono cellulare / telefonino
スマートホン	lo smartphone
タブレット	il tablet
送話口／マイク	il microfono
受話口／スピーカー	l'altoparlante
キーボード／キー	la tastiera / i tasti
ディスプレイ／タッチパネル	lo schermo / il touchscreen
SIM カード	la scheda SIM
充電器	il caricabatterie

解答 & スクリプト

Ⅰ

N1 c 🎧156

D: Pronto, chi parla?

U: Sì, buonasera, chiamo dallo studio del dottor Merzi. Mi dispiace disturbarla a quest'ora, ma cercavo la signorina Pozzi.

D: Ah, è mia figlia, ma purtroppo è appena uscita. La posso fare richiamare quando torna.

女：もしもし、どなたですか？

男：こんばんは。メルツィ先生の事務所の者です。夜分に恐れ入りますが、ポッツィさんをお願いします。

女：ああ、娘ですね。あいにくですが、たった今、出かけました。戻ったら、電話させます。

N2 a 🎧157

U: Pronto? Devo parlare con la signorina dell'amministrazione.

D: Mi dispiace, adesso non c'è. Vuole lasciare un messaggio?

U: Sì, perché devo rimandare l'appuntamento con lei. Quindi le dica, per piacere, di richiamarmi.

D: D'accordo. Lei è...

U: Sono Rossi.

D: Ho capito. Arrivederci.

男：もしもし？　経理部の女性と話さなくてはならないのですが。

女：あいにくですが、今は席をはずしております。ご伝言を承りましょうか？

男：はい、彼女との約束を延期しなくてはなりません。すみませんが、私にコールバックするように、伝えていただけますか？

女：かしこまりました。失礼ですが…

男：ロッシです。

女：わかりました。さようなら。

Ⅱ

N1 1) a　2) c　3) b　158

U: Albergo Roma, buonasera.

D: Buonasera, ho chiamato perché volevo cancellare la mia prenotazione. Ho provato dal vostro sito, ma non ci sono riuscita.

U: Ho capito. Potrebbe darmi il numero della prenotazione?

D: Certo: 6453B. Ho prenotato una camera doppia da dopodomani.

U: Sì, una camera doppia per tre giorni a nome Banchi, giusto?

D: Veramente mi chiamo Bianchi, non Banchi.

U: Ah, pardon. Le confermo la cancellazione, signora Bianchi.

男：はい、ホテル・ローマです。

女：こんばんは。予約を取り消したくて、お電話したのですが。ホテルのサイトでやってみたのですが、できませんでした。

男：わかりました。予約番号を教えていただけますか？

女：はい、6453B です。ダブルの部屋を明後日から予約しました。

男：ダブルを１部屋、３日間で、ご予約のお名前はバンキさんですね？

女：バンキではなくて、ほんとうはビアンキです。

男：ああ、失礼しました。キャンセルを承りました、ビアンキさん。

1) 彼女の名前は…

a) ビアンキ　b) バンキ　c) パンキ

2) 彼女は…

a) 確認したい　b) 予約したい　c) キャンセルしたい

3) 彼女は…

a) シングルルームを予約していた

b) ダブルルームを予約していた

c) シングルルームを３室、予約していた

N2 1) b 2) a 3) c 159

D: Lingua Italiana, buongiorno.

U: Buongiorno. Vorrei qualche informazione sui corsi del trimestre autunnale.

D: Certamente, sui corsi culturali o sui corsi intensivi?

U: Su quelli intensivi, per favore.

D: Allora, in questo momento ne abbiamo due in programma: quello della mattina e quello del pomeriggio.

U: Ho capito, grazie. Avete anche qualche opuscolo?

D: Sì, certamente. Le suggerirei di passare in segreteria, così possiamo spiegarLe tutto con calma.

U: Grazie, allora passo verso le sei. E la scuola è ancora aperta, vero?

D: Sì, siamo qui fino alle otto.

女：リングア・イタリアーナです、こんにちは。

男：こんにちは。秋学期の講座について知りたいのですが。

女：はい、どうぞ。文化講座、それとも集中講座ですか？

男：集中講座なのですが。

女：そうですね、現時点では2つのコースが設定されています。午前中のと午後のです。

男：なるほど、ありがとうございます。パンフレットはありますか？

女：もちろん、ありますよ。事務所に立ち寄っていただければ、ゆっくりと説明できます。

男：ありがとうございます。では6時ごろに参ります。学校は、まだ開いていますよね？

女：はい、8時まで、ここにいます。

1）男性は、どこに電話しましたか？

a）家族　b）学校　c）会社

2）女性は男性に、どうすることを勧めましたか？

a）彼女のところへ来ること

b）すぐに申し込むこと

c）よく説明すること

3）学校は何時まで開いていますか？

a）6時まで　b）7時まで　c）8時まで

Lezione 23

約束

時間、待ち合わせ場所 ………… ビジネスシーンでの会話

Ⅰ どんな約束をしているでしょう？　イラストから選びましょう。 160~161

a

b

c

N2 161

a

b

c

N1 160 ________　　N2 161 ________

(II) 会話を聞いて、内容があっていればvero、間違っていればfalsoにチェックしましょう。 162〜163

N1 162

	vero	falso
a) Il signor De Mauro ha dimenticato l'appuntamento con la professoressa.	□	□
b) La professoressa vuole cancellare l'appuntamento.	□	□
c) Hanno spostato l'appuntamento a mercoledì.	□	□

N2 163

	vero	falso
a) Lei stasera ha un appuntamento.	□	□
b) Lui è un amico di Massimo.	□	□
c) Hanno prenotato alle 6:30.	□	□

リスニングのポイント

Ⅰ

N1 ci possiamo incontrare は、potere + incontrarsi（相互的再帰動詞、主語は noi）、vogliamo vederci は、volere + vedersi（相互的再帰動詞、主語は noi）です。このように、再帰動詞の再帰代名詞をどこに置くかについては、①活用している動詞の前に置く、②原形と同じ形のまま人称のみ変化させる、の2とおりがあります。
sarò は essere の直説法未来（1人称単数）で、推測のニュアンス。活用は110ページ（Lezione 16）を参照してください。
Per essere sicuri「確実であるために」。形容詞が sicuro → sicuri と複数形なのは、「私たち」のことだからです。

N2 約束のバールは、Quello ________, è ________ grande です。

Ⅱ

N1 Esattamente. のあとを聞き取りましょう。
Lunedì purtroppo non posso venire da Lei, perché ________ già un altro appuntamento ________ ________ mi ero dimenticato.
perché のあとは動詞です。後半は〈前置詞＋関係代名詞〉です。そのあとの動詞 mi ero dimenticato（原形は dimenticarsi）がヒントです。
女性が Allora come facciamo? のあとで提案しています。聞き取りましょう。
Possiamo ________ ... vediamo... ____ __________?
最初の下線部は、動詞の原形（spostare 移動する）と、直接目的語 l'appuntamento の代名詞が連結しています。

N2 mi ha chiesto di uscire は、〈chiedere ＋（a ＋人）＋（di ＋原形）〉で、「ダレダレに～することを頼む」。non stare più nella pelle は慣用句で、「（喜びや焦燥感で）じっとしていられない、地に足がつかない」。では、2人の予定をみていきましょう。
まず Mi viene a prendere alle 6 e mezza、〈venire a prendere ＋人〉で「ダレダレを迎えに来る」。それから andiamo a prendere un aperitivo「アペリティフを飲みに行く」、abbiamo prenotato

un tavolo in quella pizzeria「私たちは、あのピザ屋にテーブルを予約した」。予約の時間は聞き取れましたか？

文房具

matita	鉛筆
matita colorata	色鉛筆
portamine	シャープペンシル（単複同形）
mina	鉛筆、シャープペンシルの芯
penna a sfera	ボールペン
biro	ボールペン（単複同形、商標名）
penna stilografica	万年筆
evidenziatore	蛍光ペン
pennarello	フェルトペン、マジックインキ
gomma per cancellare	消しゴム
bianchetto / correttore	修正液、修正テープ
forbici	ハサミ
colla	ノリ
clip fermacarte / molla fermacarte	クリップ
scotch / nastro adesivo	セロハンテープ（単複同形）
post-it	ポストイット、付箋（単複同形）
quaderno	ノート
taccuino	メモ帳
cartella	ファイル、バインダー
pinzatrice	ホッチキス
cartoleria	文房具店

解答 & スクリプト

Ⅰ

N1 a 160

D: Quando ci possiamo incontrare, signor Biondi?

U: Se vogliamo vederci domani, sarò qui in ufficio verso le quattro... No, no, scusi un momento. Per essere sicuri è meglio alle cinque.

D: Va bene. Allora domani verso le cinque vengo da Lei.

U: D'accordo.

女：ビオンディさん、いつ、お会いできますか？

男：明日なら、私は４時ごろオフィスに…　いや、すみません。ちょっとお待ちください。念のため、５時のほうがいいです。

女：結構です。では明日、５時ごろオフィスにお伺いします。

男：わかりました。

N2 b 161

D: Allora, dove possiamo vederci?

U: Domani, nel pomeriggio, io sono sempre fuori.

D: Allora che ne dice di quel bar che sta vicino alla posta?

U: Quale? Quello piccolo che vende anche il gelato?

D: No, no. Quello all'angolo, è abbastanza grande.

U: Ah, ho capito, il bar San Silvestro. Va bene, d'accordo.

女：それでは、どこでお会いしましょうか？

男：明日の午後は、ずっと外出しています。

女：では郵便局の近くのバールでは、どうですか？

男：どの？　アイスクリームも売っている小さなバールですか？

女：いいえ。角にある、結構大きなバールです。

男：ああ、わかりました。サン・シルヴェストロというバールですね。了解です。

Ⅱ

N1  162

U: Professoressa, senta, vorrei dirLe una cosa.

D: Sì, mi dica, signor De Mauro.

U: Quell'appuntamento che abbiamo preso ieri...

D: Sì, per lunedì...

U: Esattamente. Lunedì purtroppo non posso venire da Lei, perché avevo già un altro appuntamento di cui mi ero dimenticato. Mi dispiace.

D: Ah, non si preoccupi. Allora come facciamo? Possiamo spostarlo... vediamo... a mercoledì?

U: Va benissimo.

D: È sicuro?

U: Sì, sì, sicurissimo. A mercoledì allora.

男：教授、ちょっとお話ししたいことが…

女：はい、なんでしょう、デ・マウロさん。

男：昨日の約束なのですが…

女：ええ、月曜にお会いするという…

男：そうです。ところが、忘れていた先約がありまして、月曜日にお伺いすることができなくなってしまいました。申し訳ございません。

女：ああ、お気になさらず。では、どうしましょう？　約束を動かすとなると…　ちょっとお待ちください…　水曜日はいかがですか？

男：大丈夫です。

女：確かですか？

男：ぜったいに大丈夫です。では水曜日に。

a）デ・マウロさんは、教授との約束を忘れた。　**falso**

b）教授は約束をキャンセルしたい。　**falso**

c）彼らは約束を水曜日に動かした。　**vero**

N2 🎧 163

D: Stasera esco con Massimo!

U: Massimo? E chi è? Racconta!

D: Ma niente, ci siamo conosciuti l'altra sera alla festa. Abbiamo parlato un po' e alla fine mi ha chiesto di uscire! Non sto più nella pelle!

U: E che programmi avete?

D: Mi viene a prendere alle 6 e mezza e andiamo a prendere un aperitivo, poi alle 8 abbiamo prenotato un tavolo in quella pizzeria nuova in Piazza Navona. È un po' presto ma era l'unico orario disponibile.

女：今夜はマッシモとデートよ！

男：マッシモ？　誰？　教えてよ。

女：どうってことじゃないんだけれど、このあいだの夜、パーティで知り合ったの。少し話したら、結局デートを申し込まれたの。わくわくしちゃう！

男：で、どういう予定なの？

女：6時半に迎えに来るから、アペリティフを飲みにいって、8時にナヴォナ広場の新しいピザ屋に席を予約したの。ちょっと早いけれど、その時間にしか空きがなかったのよ。

a）彼女は今夜、約束がある。　**vero**

b）彼はマッシモの友人だ。　**falso**

c）彼らは6時半に予約した。　**falso**

Lezione 24

映画に行かない？

劇場、パーティ ……………… 誘いの会話

Ⅰ どこへ誘っていますか？　イラストから選びましょう。　164〜168

N1 164	N2 165	N3 166	N4 167	N5 168
＿＿＿＿	＿＿＿＿	＿＿＿＿	＿＿＿＿	＿＿＿＿

Ⅱ 会話のあとに要約文が読まれます。会話と内容があっていれば vero、間違っていれば falso にチェックしましょう。　169〜172

N1 169

	vero	falso
a)	□	□
b)	□	□

N2 170

	vero	falso
a)	□	□
b)	□	□

N3 171

	vero	falso
a)	□	□
b)	□	□

N4 172

	vero	falso
a)	□	□
b)	□	□

リスニングのポイント

Ⅰ 少しずつ聞き取っていきましょう。

N1 Ho due biglietti ______ ________.

N2 C'è _____ ______ __ ___________ di un mio amico.

N3 Visto che ... は「～だから」。che ne dici di ... の ne は、di 以下を先取りして代名小詞の ne にまとめています。andare a fare un bagno は「海水浴に行く」。

N4 il luna park は「遊園地」。bel ricordo は「いい思い出」。
形容詞 bello が名詞の前に置かれると、定冠詞と同じように、語尾変化します。

bello の語尾変化

男性名詞	s＋子音、z, gn, pn, ps	bello ＋単数名詞	begli ＋複数名詞
	上記以外の子音	bel ＋単数名詞	bei ＋複数名詞
	母音	bell' ＋単数名詞	begli ＋複数名詞
女性名詞	子音	bella ＋単数名詞	belle ＋複数名詞
	母音	bell' ＋単数名詞	belle ＋複数名詞

N5 Ti va di ... ? は「きみは、～したい気持ちがある？」と尋ねる、お誘いのフレーズです。
mostra は「展覧会」。動詞 dipendere da ... は、「～しだいである」。

Ⅱ

N1 Grazie のあとを聞き取ってみましょう。
ma la musica classica non ____ conosco.
直接目的語（ここでは la musica classica）を動詞の前に置いている（強調）ので、動詞の直前で代名詞にして繰り返します。
Non pensi che ... の che 節には接続法を用いるので、essere の説像法現在・3 人称単数形の sia を使って、sia meglio ...「～のほうがよい」。
Hai ragione. は「きみに言い分がある」＝「きみが正しい」。

essere の接続法現在

io	sia
tu	sia
lui / lei	sia
noi	siamo
voi	siate
loro	siano

N2 avere voglia di ... は「～したい」。
Danno un film で「映画を上映している」。動詞は3人称複数形ですが、不特定の「人たち」です。
男性は stasera voglio andare a letto piuttosto presto ですが、女性の見解は Sabato sera la sala sarà piena なので、結局 ________ ____ chiedere a qualcun altro「だれか別の人に聞いてみる」。

N3 〈前置詞 di ＋関係代名詞 cui〉は、parlare bene di ...「～について、よく話す」＝「ほめる」の di です。男性の最後のフレーズを聞き取ってみましょう。
Perché quando ci sono andato ____ ________ ____ ________ era pieno zeppo di gente. era の主語は il museo です。
pieno zeppo di ...「～でいっぱいの、ぎゅうぎゅうの」。

N4 冒頭、女性のセリフの最後の come al solito は「いつものように」。問題 a) の di solito は「ふだんは、通常は」。solito のアクセントに気をつけましょう。
Addirittura! は、スマートテレビであるということに加えて、巨大スクリーンも備えていると言われたので、「そんなにまで！」と驚いています。
最後の hai capito cosa intendo は、直訳すると「きみは、私がなにを言わんとしているのかを理解した」。動詞 intendere には、いろいろな意味がありますが、ここでは「意図する」。

解答 & スクリプト

I

N1 c（歌劇場） 164

D: Hai tempo domani sera?

U: Sì, ma perché?

D: Ho due biglietti per l'opera.

女：明日の夜、時間ある？
男：うん。でも、どうして？
女：オペラのチケットを２枚、持っているの。

N2 e（パーティ） 165

U: Stasera sei libera?

D: Che c'è?

U: C'è la festa di compleanno di un mio amico.

男：今夜、ひま？
女：なんで？
男：ぼくの友人の誕生日パーティがあるんだ。

N3 b（海） 166

D: Visto che fa così caldo, che ne dici di andare a fare un bagno?

U: Bello! Quando?

女：こんなに暑いから、海水浴に行くのはどう？
男：いいね！　いつ？

N4 a（遊園地） 167

U: Perché non andiamo in quel luna park nuovo?

D: Scusa, ma non ho nessun bel ricordo dei luna park...

男：新しい遊園地に行ってみない？
女：悪いけれど、遊園地にいい思い出が全然ないのよ。

N5 d（美術館） 168

D: Senti, ti va di venire a una mostra con me?

U: Dipende dalla mostra. Di chi è?

女：ねえ、私といっしょに展覧会に行かない？
男：展覧会によるね。誰のなの？

N1 🎧 169

D: Luciano ed io andiamo a questo concerto e abbiamo un biglietto che avanza. Che ne dici? Vieni con noi?

U: Grazie, ma la musica classica non la conosco.

D: Appunto. Neanche noi la conosciamo bene. Non pensi che sia meglio andare per vedere se è veramente noiosa?

U: Hai ragione.

a) Loro conoscono bene la musica classica.

b) Alla fine lui accetta l'invito.

女：ルチャーノと私は、このコンサートに行くの。余っているチケットが1枚あるんだけれど、どう？　私たちと来る？

男：ありがとう。でもクラシック音楽は知らないんだ。

女：そうよ。私たちだって、よく知らないわ。ほんとうに退屈かどうか、確かめにいくほうがいいと思わない？

男：それもそうだね。

a）彼らはクラシック音楽に詳しい。 **falso**

b）結局、彼は招待を受ける。 **vero**

N2 🎧 170

D: Hai voglia di uscire stasera? Danno un film che vorrei vedere.

U: No, mi dispiace. Ho mal di gola e stasera voglio andare a letto piuttosto presto. Perché non ci andiamo sabato sera?

D: Sabato sera la sala sarà piena. Pazienza, provo a chiedere a qualcun altro.

a) Loro hanno deciso di andare al cinema stasera.

b) Andranno al cinema insieme sabato sera.

女：今夜、出かけない？　見てみたい映画をやっているの。

男：いや、悪いね。喉が痛くて、今夜はわりと早めに寝たいんだ。土曜日の夜に行かない？

女：土曜日は込んでいるでしょう。仕方がない、誰か別の人に聞いてみる。

a）彼らは今夜、映画に行くことにした。 **falso**

b）彼らは土曜の夜、いっしょに映画にいくだろう。 **falso**

N3 171

D: Senti, sei andato a quella mostra di cui parlano bene?

U: Quella dei pittori moderni? Sì, l'ho già vista.

D: Ah...

U: Che c'è?

D: Niente. Mi hanno regalato due biglietti.

U: Non c'è problema, con te la rivedo volentieri. Però durante il fine settimana no, eh. Perché quando ci sono andato nel pomeriggio di domenica era pieno zeppo di gente.

a) Lui ha già visto la mostra.

b) Vanno insieme al museo nel pomeriggio di domenica.

女：ねえ、あの好評な展覧会に行った？

男：近代画家たちの？　ああ、もう見たよ。

女：そうなんだ…

男：どうしたの？

女：べつに。チケットを２枚、貰ったから。

男：問題ないよ。きみとなら、喜んでもう一度みるよ。でも週末はだめだよ。ぼくが日曜日の午後に行ったときは、すごい人だったから。

a）彼は、すでに展覧会を見た。　**vero**

b）彼らは日曜の午後に、いっしょに美術館へ行く。　**falso**

N4 172

D: Anche questa domenica venite da noi a vedere la partita, come al solito?

U: Perché invece non venite voi da noi? Abbiamo appena comprato una smart TV grandissima. Possiamo guardare la partita in streaming sul megaschermo!

D: Megaschermo? Addirittura! Non stai esagerando?

U: Hahaha, va be', hai capito cosa intendo.

a) Di solito guardano la partita allo stadio.

b) La TV è nuova.

女：この日曜日も、いつものように、きみたちは私たちの家にサッカー観戦にくる？

男：今度は、きみたちがぼくたちの家に来ない？　すごく大きなスマートテレビを買ったばかりなんだ。試合を巨大スクリーンで、ストリーミングしながら見られるんだよ。

女：巨大スクリーン？　そこまで！　誇張しているんじゃない？

男：ハハハ、まあ、冗談だよ。

a）彼らは、ふだんスタジアムで観戦している。　**falso**

b）テレビは新しい。　**vero**

Lezione

25

引っ越しました

家の様子、間取り ……………………………… 住居に関する会話

Ⅰ 173〜175

N1 173

a

b

c

N2 174

a

b

c

N3 175

a

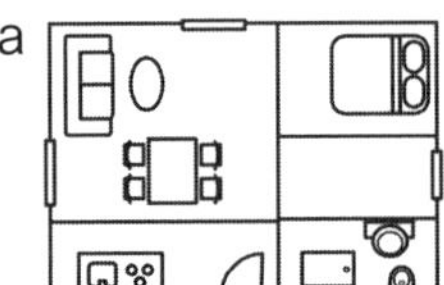

b

c

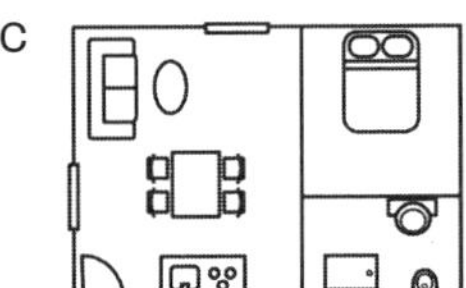

N1 173 ______

N2 174 ______

N3 175 ______

(II) 会話に続いて、質問が読まれます。その答えとして正しいものを 1) ～ 3) のなかから、ひとつ選びましょう。 176～178

N1 176

1) Tranquilla, perché è andato in pensione.
2) Faticosa, perché fa il pendolare.
3) Noiosa, perché abita in campagna.

N2 177

1) Al settimo.
2) Al quinto.
3) Al piano terreno.

N3 178

1) In campagna ma vicino a una stazione.
2) In centro, vicino sia alla fermata dell'autobus che alla stazione del metrò.
3) In un quartiere appena fuori città.

リスニングのポイント

Ⅰ

N1 Avere un giardino ... は動詞の原形が名詞として使われて「～な庭を持つこと」。この文の主語です。ampio「大きい」。da sempre「ずっと」。

N2 Come ti trovi ...? で使われている動詞の原形は再帰動詞 trovarsi で「居心地が～である」。Siccome「だから」以下を聞き取りましょう。
Siccome il palazzo _____ ___ una grande piazza, qualche volta, a notte fonda, il rumore del traffico ____ _______.
前半の空欄は dare su ... で「～に面している」。後半の空欄の動詞の主語は il rumore「騒音」です。したがって動詞は他動詞の svegliare、mi は直接目的語の代名詞「私を」。
a notte fonda は「深い夜に」→「深夜に」。

N3 soggiorno は「リビング」、camera da letto は「寝室」です。部屋の様子を表す形容詞は、luminoso「明るい」、stretto「狭い」、tranquillo「静かな」。camera を修飾するときは、語尾が -a になります。

Ⅱ

N1 Non è che è troppo lontana ... は、Non è troppo lontana ... の強調で「～なのではないか？」Abiteresti fuori città? は、「もし可能なら」という条件を踏まえているので、条件法を使っています。ci penserò の ci は、pensare a ... の a 以下を「そのことについて」とする代名小詞。andare in pensione は「退職する」。dopo essere andato in pensione は助動詞が原形のまま、過去分詞と組み合わさって「退職してから」。penserò の前に完了する時制を表しています。選択肢 2) の pendolare は「遠距離通勤者」。

N2 Ho sentito che ... は「～と聞いた」。男性のフレーズを聞き取ってみましょう。Cercavo da tanto un appartamento ___ ___ potessi arrivare in ufficio in 30 minuti.
ここでは関係代名詞の cui が使われています。① Cercavo da tanto

un appartamento と ② posso arrivare in ufficio in 30 minuti dall'appartamento をつなぐ関係代名詞です。前置詞は、聞き取れましたか？
potessi（potere の接続法半過去、ここでは 1 人称単数形）が使われている理由は、先行詞が un appartamento（不定冠詞がついている→そのような部屋があるかどうか不明）だからです。主節の動詞 cercavo（半過去）と同時なので、potessi も半過去になります。
さて何階に住んでいるかですが、まず建物は il palazzo è di sette piani なので「7 階建て」です。all'ultimo piano は「最上階に」ですが、ho accettato quello del penultimo で、penultimo は「最後から 2 番目」、つまり「最上階の 1 階下の階」の部屋に落ち着いたわけですね。日本式の階数の数え方とはズレが生じるので、気をつけましょう。

建物の階

6 = sesto piano　（日本式の 7 階）
5 = quinto piano　（6 階）
4 = quarto piano　（5 階）
3 = terzo piano　（4 階）
2 = secondo piano　（3 階）
1 = primo piano　（2 階）
0 = piano terra　（1 階）

N3 in città は「町のなか」＝「都会」、fuori città は「町の外」＝「郊外」。appena fuori città は「ほんの少し、町から出たところ」。collegato は動詞 collegare「接続する」の過去分詞の形の形容詞で「つながっている」＝「交通の便がいい」。La zona を修飾しているので、語尾が -a になっています。直前の ben は bene。verde は「緑」→「自然」。il verde mi rilassa は、「自然が私をリラックスさせる」。pretesa は「要求」、動詞 pretendere「強く要求する」といっしょに覚えましょう。選択肢 2）は〈sia A che B〉で「A も B も」。

解答 & スクリプト

N1 a 173

D: Guarda, questa è la foto di casa mia.

U: La casa nuova?

D: Sì. Guarda questo giardino. Avere un giardino ampio davanti a casa era da sempre il mio sogno.

女：見て、これが私の家の写真よ。
男：新しい家？
女：そう。この庭を見てよ。家の前に広い庭を持つのが、ずっと私の夢だったの。

N2 c 174

D: Come ti trovi nell'appartamento nuovo? Hai traslocato, no?

U: Sì, mi trovo bene. Ho finalmente un terrazzo a sud, però...

D: Che c'è?

U: Siccome il palazzo dà su una grande piazza, qualche volta, a notte fonda, il rumore del traffico mi sveglia.

女：新しい部屋の居心地はどう？　引っ越したんでしょう？
男：うん、居心地はいいよ。やっと南側にテラスがあるんだ、でも…
女：どうしたの？
男：建物が大きな広場に面しているから、ときどき、真夜中に、車の音で目が覚めるんだ。

N3 c 175

D: A destra dell'ingresso c'è il soggiorno con la cucina. Per fortuna ci sono due finestre quindi la stanza è sempre luminosa. Invece nella camera da letto non ci sono finestre, è un po' stretta ma molto tranquilla, così posso dormire bene.

女：玄関の右にキッチンがついたリビングがある。幸い、窓が2つあるので、その部屋はいつも明るい。一方、寝室には窓がなくて、少し狭いが、とても静かで、よく眠れる。

II

N1 2 176

D: Hai visto la nuova casa di Aldo?

U: Eh, sì. È una bella casa, ma...

D: Ma che?

U: Non è che è troppo lontana dal centro?

D: Sì, davvero. Infatti mi ha detto che è un po' faticoso andare in ufficio e tornare a casa ogni giorno. Però voleva avere una casa in campagna. Ma tu che ne dici? Abiteresti fuori città?

U: Mah, ci penserò dopo essere andato in pensione.

DOMANDA: Com'è la vita di Aldo?

女：アルドの新しい家を見た？

男：ああ、見たよ。すてきな家だけれど…

女：けれど、なに？

男：町から遠すぎるんじゃない？

女：ほんとに、そうね。そういえば、毎日オフィスに行って、家に帰るのが少し大変だって言っていたわ。でも郊外に家が欲しかったんだし。あなたはどう？　郊外に住む？

男：そうだね。退職してから考えるよ。

質問：アルドの生活は、どうですか？

1）退職したので、落ち着いている。

2）遠距離通勤者なので、大変だ。

3）田舎に住んでいるので、退屈だ。

N2 2 177

D: Ho sentito che hai cambiato casa.

U: Sì, è vero. Cercavo da tanto un appartamento da cui potessi arrivare in ufficio in 30 minuti, e finalmente l'ho trovato poco tempo fa.

D: E a che piano abiti?

U: Allora, il palazzo è di sette piani e io volevo un appartamento all'ultimo piano, ma alla fine ho accettato quello del penultimo.

DOMANDA: A che piano abita lui?

女：引っ越したって、聞いたけど。

男：うん、そうだよ。オフィスに30分以内で行ける部屋を、ずいぶん前から探していたんだ。少し前に、やっとみつけたんだよ。

女：何階に住んでいるの？

男：えっと、建物は７階建てで、最上階の部屋がよかったんだけれど、結局、最上階の１階下の階の部屋にしたんだ。

質問：彼は、何階に住んでいますか？

1）７階（日本式の８階）

2）５階（日本式の６階）

3）地上階（日本式の１階）

N3 3 178

U: Abitare in città o fuori città, in un appartamento o in una villetta: tu cosa preferisci?

D: Preferisco un appartamento, forse appena fuori città.

U: Tra città e campagna, dici?

D: Sì. La zona ideale per il mio appartamento dovrebbe essere ben collegata, per esempio vicino alla fermata dell'autobus o alla stazione del metrò. Però ci vorrebbe anche un po' di verde, magari un parco, perché il verde mi rilassa.

U: Mah, secondo me hai un po' troppe pretese.

D: Eh, sì, lo so.

DOMANDA: Dove vorrebbe abitare lei?

男：都会に住むか、郊外に住むか、マンションか一軒家か。きみは、どういうのがいい？

女：マンションで、街をちょっと出たところがいいな。

男：街と郊外の境目っていうこと？

女：そう。私が住むマンションがある理想的な地域は、交通の便がいいところ、たとえばバス停とか地下鉄の駅の近くとか。でも緑も必要かな。公園とか。自然があるとリラックスできるから。

男：うーん、ちょっと注文が多すぎない？

女：そうなの、わかってるわ。

質問：彼女は（できるなら）どこに住みたいでしょう？

1）郊外で、駅の近く。

2）都心で、バス停にも地下鉄の駅にも近いところ。

3）街から、少し外の界隈。

Lezione 26

天気はどう？

晴れ、雨、曇り ………… 天気に関する会話

I 会話にあうイラストを選びましょう。 179〜181

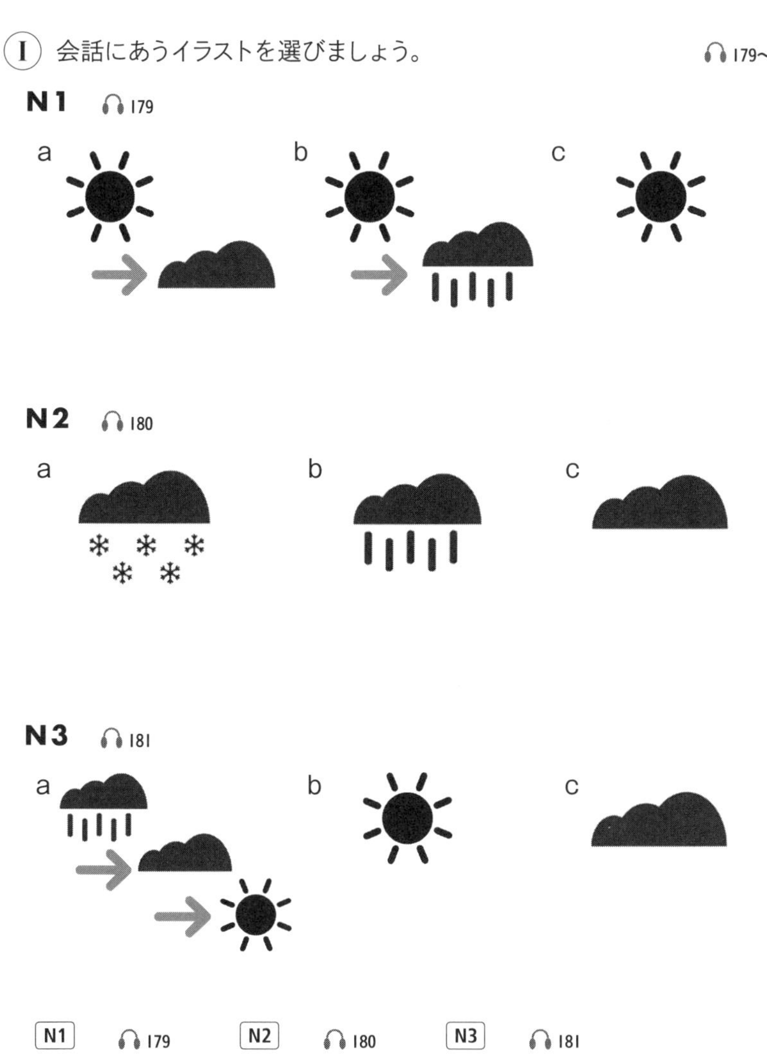

Ⅱ 会話を聞いて、内容があっていればvero、間違っていればfalsoにチェックしましょう。 182〜185

N1 182

	vero	falso
1) Da lei fa molto caldo.	□	□
2) Da lui ha piovuto due giorni fa.	□	□
3) Da lei piove forte dall'altro ieri.	□	□

N2 183

1) Nel pomeriggio ha fatto freddo.	□	□
2) Nel pomeriggio è stato un po' nuvoloso.	□	□
3) Nel pomeriggio ha piovuto leggermente.	□	□

N3 184

1) Fra poco arriva un temporale.	□	□
2) Ha cominciato a piovere a dirotto.	□	□
3) Ha visto una stella cadente.	□	□

N4 185

1) È autunno.	□	□
2) Lui ha freddo.	□	□
3) Il tempo è migliorato.	□	□

Ⅲ 天気図を完成させましょう。地域は A ～ D、天気マークは①～④から、ひとつずつ選びます。 🎧 186～189

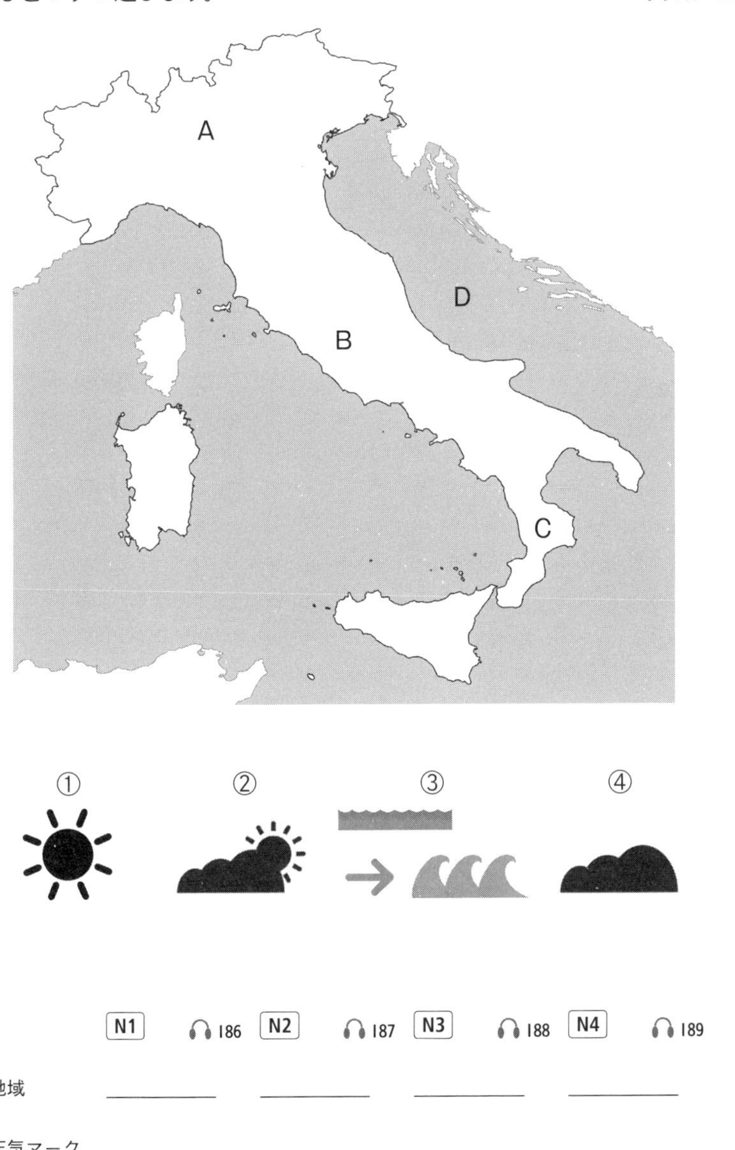

	N1 🎧 186	N2 🎧 187	N3 🎧 188	N4 🎧 189
地域	＿＿＿＿	＿＿＿＿	＿＿＿＿	＿＿＿＿
天気マーク	＿＿＿＿	＿＿＿＿	＿＿＿＿	＿＿＿＿

リスニングのポイント

Ⅰ

N1 天気は非人称で表現するので、動詞は3人称単数形です。
Che ...! は感嘆文で、「なんて〜！」。fa bel tempo「いい天気だ」、il meteo「天気予報」。

N2 Ci sono molte nuvole は「多くの雲がある」、つまり「どんより曇っている」。

N3 Ci sarà il sole の sarà は未来時制。現在時制の c'è il sole は、fa bel tempo と同じ意味で「晴天である」。le previsioni del tempo「天気予報」、variabile「変わりやすい」。

Ⅱ

N1 〈da＋人〉で「ダレダレがいるところ」。da morire は「結果」を表す〈da＋原形〉で、「死ぬほど」＝「非常に」。diluviare「大雨が降る」。名詞は diluvio「大雨、豪雨」。
〈da＋期間の表現〉の場合は、現在も続いているので dall'altro ieri「おとといから（今も）」。一方、〈期間の表現＋ fa〉は「過去の一点」を示します。

N2 si è rannuvolato の原形は、再帰動詞 rannuvolarsi「（空が）曇る」。

N3 lampo「稲妻」、tuono「雷鳴」、tuonare「雷が鳴る」。
prima che ... の che 節の動詞は接続法で、cominci は cominciare の接続法現在、3人称単数形です。
選択肢 1) の temporale は「雷雨」、2) の piovere a dirotto は「雨がザーザー降る」。3) の visto は vedere「見る」の過去分詞。stella は「星」、cadente は形容詞で「落下する」。動詞 cadere「落ちる、倒れる、転ぶ」もいっしょに覚えましょう。

N4 È proprio vero che ... は「〜は、まさしくほんとうだ」。le mezze stagioni は中間的な季節、つまり春や秋のことです。たとえば vestito per la mezza stagione で「春や秋に着る合服」。

si gela の si は「非人称の si」で、「凍てつくほど寒い」。
Scherzi? は動詞 scherzare の 2 人称単数形で、直訳は「きみは冗談を言っているのか？」→「そんなはずはない」。
選択肢 2) は、彼が主語で「寒さを持っている」＝「寒がっている」。いろいろな使い分けに注意しましょう。Fa freddo. ＝気温が低い。Ho freddo. ＝私は寒い。Il caffè è freddo. ＝コーヒーが冷たい。
選択肢 3) に使われている動詞は migliorare で「好転する」。

Ⅲ

N1 sparse は動詞 spargere「まき散らす」の過去分詞と同じ形の形容詞 sparso「散らばった」、nubi「雲（女性複数名詞）」を修飾しているので、語尾が -e になります。soprattutto「とくに」、mattinata「午前中」。

東西南北

東　est, oriente（男性名詞）
東の　orientale
西　ovest, occidente（男性名詞）
西の　occidentale
南　sud, meridione（男性名詞）
南の　meridionale
北　nord, settentrione（男性名詞）
北の　settentrionale

N2 centrale は「中部の」。venti moderati は、moderato「控えめな、程よい」で、「中程度の風」。

N3 sereno「（空が）晴れた」。

N4 Al mattino は「午前中」。calmo「穏やかな」、mosso は動詞 muovere の過去分詞と同じ形の形容詞で「波立った」。agitato は agitare「揺り動かす」の過去分詞と同じ形の形容詞で「荒れた」。

天気の表現

Fa bel tempo.	よい天気だ。
Fa brutto tempo.	悪い天気だ。
Fa freddo.	寒い。
Fa caldo.	暑い。
Fa fresco.	涼しい。
Tira vento.	風が吹く。
Piove.	雨が降る。
Pioviggina.	小雨が降る。
Nevica.	雪が降る。
Nevischia.	霙が降る。
Grandina.	雹が降る。
Tuona.	雷が鳴る。
Lampeggia.	稲妻が走る。
È sereno.	晴れている。
È nuvoloso.	雲っている。
È umido.	湿度が高い。
È secco.	空気が乾燥している。
È afoso.	蒸し暑い。

解答 & スクリプト

I

N1 b 🎧179

D: Che bel tempo fa oggi!

U: Ma il meteo dice che comincerà a piovere.

女：今日は、いい天気ね！
男：でも、天気予報は雨が降り出すと言っているよ。

N2 c 🎧180

U: Com'è il tempo?

D: Ci sono molte nuvole, ma non piove.

男：天気はどう？
女：雲が結構出ているけれど、雨は降っていないわ。

N3 a 🎧181

D: Ci sarà il sole domani?

U: Spero di sì. Ma le previsioni del tempo, sul giornale, dicono che sarà variabile.

女：明日は、晴れるかしら？
男：だといいね。でも新聞の天気予報では、変わりやすいとなっているよ。

II

N1 🎧182

U: Che tempo fa lì da te? Qui fa un caldo da morire.

D: Da morire? Davvero? Qui diluvia da due giorni.

男：きみのところは、どんな天気？　こちらは、死ぬほど暑いよ。
女：死ぬほど？　ほんとうに？　こちらは２日前から大雨よ。

1）彼女がいるところは、とても暑い。 **falso**
2）彼がいるところは、２日前に雨が降った。 **falso**
3）彼女がいるところは、おとといから激しい雨が降っている。**vero**

N2 183

D: Com'era il tempo al mare?

U: Bello la mattina, ma nel pomeriggio si è rannuvolato.

女：海辺の天気は、どうだった？

男：午前中はよかったけれど、午後は雲が出てきた。

1）午後は寒かった。 **falso**

2）午後は少し曇った。 **vero**

3）午後は軽く雨が降った。 **falso**

N3 184

U: Che lampo!

D: Sì, ma non tuona ancora. Prima che cominci a piovere torniamo a casa.

男：すごい稲光！

女：ええ、でも音はまだ聞こえないわ。雨が降り出す前に、家に帰りましょう。

1）じきに嵐が来る。 **vero**

2）雨がザーザーと降り出した。 **falso**

3）流れ星を見た。 **falso**

N4 185

U: È proprio vero che non ci sono più le mezze stagioni! Si gela!

D: Ma dai, non fa così freddo.

U: Scherzi? Siamo a maggio e ieri ha nevicato!

D: È vero, ma oggi guarda che sole!

男：春や秋がなくなってしまったね。凍てつく寒さだ。

女：大げさね、そんなに寒くないわよ。

男：寒いよ！　5月なのに、昨日は雪が降ったんだよ！

女：たしかに。でも今日は、ほら、五月晴れよ。

1）秋だ。 **falso**

2）彼は寒い。 **vero**

3）天気はよくなった。 **vero**

Ⅲ

N1 A ④ 🎧186

U: Italia settentrionale. Lombardia. Nubi sparse su tutta la zona. Ancora freddo, soprattutto nella mattinata.

男：イタリア北部。ロンバルディア州。全域に雲が出る。気温はまだ低く、とくに午前中は寒い。

N2 B ② 🎧187

U: Italia centrale. Lazio. Cielo poco nuvoloso. Venti moderati.

男：イタリア中部。ラツィオ州。薄曇り。やや風。

N3 C ① 🎧188

U: Italia meridionale. Calabria. Cielo sereno. La sera temporali sparsi.

男：イタリア南部。カラブリア州。快晴。夜、ところによっては雷雨。

N4 D ③ 🎧189

U: Mare Adriatico. Al mattino calmo, nel pomeriggio mosso. Nel Sud agitato.

男：アドリア海。午前中は穏やかで、午後は波が高くなる。南部は荒れ模様。

Lezione
27 休暇はどうだった？

夏休み、クリスマス休暇 ………………………………… 予定を語る

Ⅰ 会話にあったイラストを選びましょう。 190〜193

N1 190

a  
b 
c 

N2 191

a 
b 
c 

N3 192

a 
b 
c 

N4 193

a 

b 

c 

N1 190	N2 191	N3 192	N4 193
＿＿＿＿＿	＿＿＿＿＿	＿＿＿＿＿	＿＿＿＿＿

Ⅱ 会話に続いて、質問が読まれます。その答えとして正しいものを 1) ～ 3) のなかから、ひとつ選びましょう。 194～196

N1 194

1) Andrà al mare.
2) Non è ancora sicura.
3) Viaggerà ai tropici.

N2 195

1) Ha guidato per tutto il viaggio da solo.
2) Sua sorella ha guidato troppo velocemente.
3) C'era traffico ma non ci hanno messo tanto tempo.

N3 196

1) È stata squallida.
2) È stata interessante.
3) È stata noiosa.

リスニングのポイント

I

N1 最後のフレーズを聞き取ってみましょう。
Mi hai detto che ___ ___ ______ un nuovo costume da bagno.
comprare を強調した再帰動詞（近過去形）が入ります。
costume da bagno は「水着」。

N2 〈Non vedo l'ora di ＋原形〉で「～したくてたまらない、待ちきれない」。la settimana bianca は直訳すると「白い週」＝「冬休み」で、スキーなどのウインタースポーツを楽しむ休暇です。

N3 le ferie は複数形で「休暇、休み」。女性の No. のあとを聞き取りましょう。
Quest'anno forse non __ prenderà, perché ha _____ cominciato ____ lavorare in quella ditta.
最初の下線部は、直接目的語の代名詞です。prenderà の直接目的語は？

N4 〈lasciare ＋動詞の原形〉で「～のままにしておく」なので、lasciamo perdere は「(その話しを）消えるがままにしよう」。あまり素敵な休暇ではなかったようです。
sono tornata（私は帰ってきた）più bianca（より白くなって）di prima（出発前より）
Pazienza は「仕方がない」、almeno「少なくとも」、mi sono rilassata < rilassarsi (再帰動詞)「リラックスする、のんびりする」。

II

N1 da qualche parte「どこかに」。non so（私はわからない）se（～かどうか）ci riuscirò（そのことができる）。
riuscire a ... の a 以下を、代名小詞の ci にします。ここでは ad andare al mare ですね。
一方、ne approfitto の ne は、approfittare di ... の di 以下を、代名小詞の ne にします。ここでは delle ferie di Capodanno です。

N2 metterciの使い方に慣れましたか？　近過去時制の助動詞はavereです（34ページ参照）。
〈a causa di ...〉は「～のせいで」。com'è fatta mia sorellaを直訳すると「私の妹が（性格的に）どのように作られているか」で、「どんな人か」。Non c'è niente（なにもない）di peggio（(これより)さらに悪いことは）diは比較で「～より」。

N3 過去時制を復習しましょう。
Non te l'avevo detto?は大過去です。〈essere / avereの半過去＋過去分詞〉で構成され、「ある過去」よりも以前に完了した過去を表します。この場合では、「休暇に出発する前」が「ある過去」に相当すると考えて、「出発する前に言わなかった？」。
質問の答えとしてキーとなる部分は、
È stata ________ __________.

過去時制の相関図

前過去／半過去　遠過去　大過去／半過去　近過去／半過去　現在

① Non **mangio** più niente;
ho già **pranzato** perché avevo fame.

② Non **ho mangiato** più niente;
avevo già **pranzato** perché avevo fame.

③ Non **mangiai** più niente
dopo che **ebbi** già **pranzato** perché avevo fame.

①私はもう何も食べない。おなかがすいていたので、すでに昼食を食べた。
②私はもう何も食べなかった。おなかがすいていたので、すでに昼食を食べた。
③おなかがすいていたので、昼食を食べた。そのあとは、もう何も食べなかった。
※前過去は、先立過去とも呼ばれる。
※前過去は、quando, dopo che, appenaなどの接続詞による従属節のなかで使われる。

解答 & スクリプト

N1 b 190

U: Dove vai per le vacanze?

D: Vado in Liguria, anche quest'anno tutti i parenti si riuniscono nella casa al mare dei miei.

U: Ah, già, è vero. Mi hai detto che ti sei comprata un nuovo costume da bagno.

男：休暇には、どこへ行くの？
女：リグーリア州よ。今年も親戚全員がうちの海の家に集まるの。
男：ああ、そうだったね。新しい水着を買ったって、言ってたよね。

N2 a 191

D: Sei già andato a sciare quest'anno?

U: Non ancora. Non vedo l'ora di partire per la settimana bianca!

女：今年、もうスキーに行った？
男：まだだよ。スキー休暇に出発したくて、たまらないよ！

N3 c 192

U: Tuo fratello ha preso le ferie quest'estate?

D: No. Quest'anno forse non le prenderà, perché ha appena cominciato a lavorare in quella ditta.

男：きみの弟さんは、今年の夏に休暇を取ったの？
女：いいえ。あの会社で働き始めたばかりだから、今年はおそらく取らないんじゃないかしら。

N4 b 193

U: Com'è andata la vacanza?

D: Guarda, lasciamo perdere: speravo di abbronzarmi ma ha piovuto quasi sempre, quindi sono tornata più bianca di prima.

U: Che peccato, mi dispiace!

D: Pazienza, almeno mi sono rilassata un po'.

男：休暇はどうだった？
女：聞いてよ、最悪だったわ。日焼けできるかなと思っていたんだけど、ほとんどずっと雨だったから、出発前より白くなって帰ってきたわ。

男：それは残念だったね、気の毒に。
女：仕方がないわ。少しはのんびりできたし。

N1 2 194

U: Vai da qualche parte a Capodanno?
D: Eh, di solito vado al mare, ma quest'anno non so se ci riuscirò.
U: Al mare? A dicembre?
D: Ma sì, ne approfitto sempre per fare un viaggetto in qualche località tropicale.
DOMANDA: Cosa farà a Capodanno?

男：お正月、どこかへ行くの？
女：まあ、いつもは海に行くんだけど、今年は行けるかどうか、わからないわ。
男：海に？　12月に？
女：そうよ。お正月休みを、どこかトロピカルな場所へ小旅行することにしているの。
質問：お正月には、なにをするでしょう？
1）海に行く。
2）まだ決めていない。
3）熱帯地方を旅行する。

N2 1 195

D: Come sei andato in montagna?
U: Ci sono andato in macchina con mia sorella. E ci abbiamo messo ore e ore...
D: A causa del traffico?
U: Sì. E sai com'è fatta mia sorella, no? Lei comincia a dormire subito, in qualsiasi situazione.
D: Quindi hai dovuto guidare tutto da solo.
U: Esatto. Ho combattuto con la noia e il sonno. Non c'è niente di peggio.
DOMANDA: Come è stato il viaggio di andata per le vacanze?

女：山には、どうやって行ったの？
男：車で妹と行ったんだ。何時間も、何時間もかけて…

女：渋滞のせいで？
男：そう。ぼくの妹が、どういう人か知ってるだろ？　彼女は、どんな状況でも、すぐに寝始めるんだ。
女：だから、あなたがずっとひとりで運転しなければならなかったのね。
男：そのとおり。退屈やら睡魔やらと闘ってさ。最悪だよ。
質問：休暇への往路は、どうでしたか？
1）ひとりで全行程を運転した。
2）彼の妹が、猛スピードで運転した。
3）渋滞していたが、それほど長時間をかけなかった。

N3 2 196

U: Cosa hai fatto durante le vacanze?
D: Sono andata in America per studiare, quindi praticamente ho fatto solo quello.
U: Eri in America? Non lo sapevo.
D: Non te l'avevo detto? Volevo studiare la lingua e vivere un po' in un paese diverso. È stata un'esperienza interessante.
U: Insomma, hai fatto una vacanza-studio!
DOMANDA: Com'è stata la sua vacanza?

男：休暇中、何をした？
女：アメリカに勉強しに行ったの。だから実質的には勉強しかしなかったわ。
男：アメリカにいたの？　知らなかった。
女：言ってなかった？　言葉を勉強したかったし、違う国で少し生活してみたかったの。おもしろい経験だったわ。
男：つまり、向学心たっぷりの休暇を過ごしたんだね。
質問：彼女の休暇は、どうでしたか？
1）わびしかった。
2）おもしろかった。
3）退屈だった。

Lezione 28

親子の会話

宿題、夕飯、部屋の掃除 ………………………… 叱責、文句

会話を聞いて、内容にあっているイラストを選びましょう。　🎧 197〜202

N1　🎧 197

a

b

c

N2　🎧 198

a

b

c

N3　🎧 199

a

b

c

N4　🎧 200

a

b

c

N5 201

a b c

N6 202

a b c

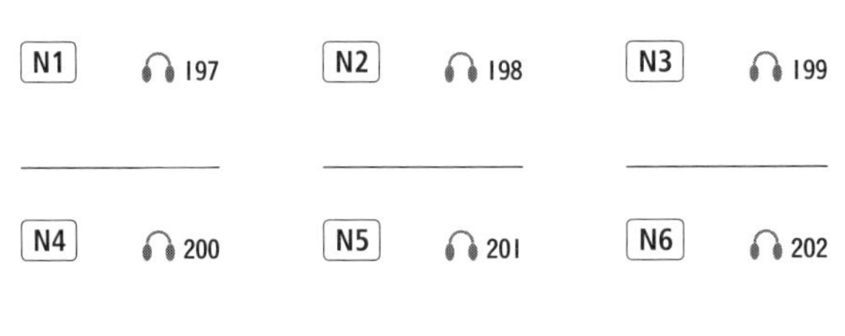

リスニングのポイント

N1 Cesareは男性の名前です。おかあさんのフレーズを聞き取ってみましょう。
Quando torna tuo padre ________ subito ___ _______, eh.
〈cominciare ＋ a ＋原形〉で「～し始める」です。
それに答えてチェーザレは、I compiti _____ faccio ______ ________. と言っています。直接目的語を動詞の前に置く（＝強調）場合は、動詞の直前で代名詞にして繰り返します。
それを聞いたおかあさんは、quante volte「何度」te l'ho già detto?「私はあなたにそのこと（＝宿題は夕食前に済まさなければならない）を言ったか？」で、「何度、言ったらわかるの？」。
Devi finire i compiti _______ ____ mangiare.
〈prima ＋ di ＋原形〉で「～する前に」。

N2 おかあさんのMa no!のあとを、聞いてみましょう。
Ho preparato le polpette _______ per te.
le polpetteは「ミートボール」です。
そこで息子はLe polpette ______ _________ domaniと言っています。N1と同じ文型で、le polpetteを強調しています。

N3 Basta con ... で「～は、もうやめなさい」。
子どもは、Non lo spegnere!と訴えています。〈non ＋原形〉で、tuに対する否定命令（～するな）。おかあさんのSmettila!は、動詞smettere「やめる」＋la（そのこと）。これもtuに対する命令法なので、smettereはsmettiと活用し、代名詞が連結しています（Lezione 11、80ページ参照）。最後のVai ___ pulire e mettere in ordineに入る前置詞は〈andare ＋ a ＋原形〉で「～しに行く」。Vaiも命令法です。mettere in ordineは「片付ける、整理整頓する」。

N4 冒頭のMaは疑問を強調して「いったい」。女性のあとの男性のフレーズを聞き取ってみましょう。
Gli _______ ____ che oggi_______ ____ io!
前半の動詞は大過去で「che以下のことを、gli（彼に）言っておいた」。che以下の動詞は、条件法過去（＝過去未来、過去における未来）

です。代名詞 l′ は macchina（女性単数）を受けているので、過去分詞の語尾が -a になります。動詞のあとに主語を置いて、強調しています。おかあさんの Boh は「さあ…？」。se n′è dimenticato は再帰動詞 dimenticarsi の近過去 si è dimenticato + ne（＝あなたが言っておいたことを、di quello che avevi detto）。ne につられて、si が se になります。

N5 yogurt「ヨーグルト」は外来名詞で、男性名詞です。定冠詞に注意しましょう。息子の Ma dai!「え～！」の先を聞き取りましょう。
Ti avevo detto di ＿＿＿＿＿！ 動詞 comprare に代名詞の複合形が連結しています。間接目的語は「私に」、直接目的語は「それを（ヨーグルトを）」。205 ページを参照してください。
Sì che ... は「もちろん～だ」。
Mannaggia! は「もう！ ちくしょう！」。
Domani te ne compro 10 barattoli の ne は、数量表現があるときの ne です。ne を使わないと、Domani ti compro 10 barattoli di yogurt となります。

いろいろな代名詞

主語人称代名詞	再帰動詞の再帰代名詞	直接目的語の代名詞	間接目的語の代名詞
io	mi	mi	mi
tu	ti	ti	ti
lui	si	lo	gli
lei	si	la	le
noi	ci	ci	ci
voi	vi	vi	vi
loro	si	li / le	gli

代名詞の複合形（間接目的語＋直接目的語）

<table>
<tr><td>それを／
それらを</td><td></td><td>lo</td><td>la</td><td>li</td><td>le</td><td>ne</td></tr>
<tr><td>私に</td><td>mi</td><td>me lo</td><td>me la</td><td>me li</td><td>me le</td><td>me ne</td></tr>
<tr><td>きみに</td><td>ti</td><td>te lo</td><td>te la</td><td>te li</td><td>te le</td><td>te ne</td></tr>
<tr><td>私たちに</td><td>ci</td><td>ce lo</td><td>ce la</td><td>ce li</td><td>ce le</td><td>ce ne</td></tr>
<tr><td>きみたちに</td><td>vi</td><td>ve lo</td><td>ve la</td><td>ve li</td><td>ve le</td><td>ve ne</td></tr>
<tr><td>彼に</td><td>gli</td><td rowspan="4">glielo</td><td rowspan="4">gliela</td><td rowspan="4">glieli</td><td rowspan="4">gliele</td><td rowspan="4">gliene</td></tr>
<tr><td>彼女に</td><td>le</td></tr>
<tr><td>彼らに</td><td rowspan="2">gli</td></tr>
<tr><td>彼女らに</td></tr>
</table>

N6 cosa ci fai ancora qui の ci は、qui を先取りした「場所の ci」。
Muoviti は再帰動詞 muoversi の tu に対する命令法。後半の sbrigati も再帰動詞 sbrigarsi の tu に対する命令法です。どちらも、「～しなさい」は〈前置詞 a ＋原形〉で表します。
Non voglio vederti navigare の vederti は、vedere「見る」＋ ti「きみを＝直接目的語」。そのあとの navigare は直接目的語の動作です。〈vedere / sentire などの動詞＋動詞（＝直接目的語の動作）＋直接目的語〉の例文です。

Vedo correre Marco.　私は、マルコが走っているのを見る。
Ho visto correre Marco.　私は、マルコが走っているのを見た。

最後の ci siamo capiti? は相互的再帰動詞 capirsi「互いに、理解し合う」で、直訳は「私たちは理解しあったか？」。

解答 & スクリプト

N1 b 197

D: Cesare, hai finito i compiti? Quando torna tuo padre cominciamo subito a cenare, eh.

U: I compiti li faccio dopo cena.

D: Come? Non li hai ancora finiti?

U: No. Dopo cena.

D: Ma quante volte te l'ho già detto? Devi finire i compiti prima di mangiare. Vai in camera tua! Subito!

女：チェーザレ、宿題は終わったの？　おとうさんが帰ってきたら、すぐに夕飯よ。

男：宿題は、夕ご飯のあとにやるよ。

女：なんですって？　まだ終わってないの？

男：終わってない。夕ご飯のあと。

女：何度、言ったらわかるの？　食事の前に宿題を終わらせなさい。自分の部屋に行きなさい！　すぐに！

N2 c 198

U: Mamma, io esco.

D: Esci? Ma ho già preparato la cena.

U: Ceno con i miei amici. Ho appuntamento con...

D: Ma no! Ho preparato le polpette apposta per te. Ti piacciono, no?

U: Mamma, ho capito. Le polpette le mangio domani, dai.

男：おかあさん、出かけるね。

女：出かけるの？　もう夕ご飯を準備したのに。

男：友達と食べるよ。約束が…

女：だめよ！　あなたのために、わざわざミートボールを作ったのよ。好物でしょう？

男：おかあさん、わかったよ。ミートボールは、明日食べるから、ね。

N3 a 199

U: Basta con i videogiochi!

D: No, papà, fra poco lo finisco! Non lo spegnere!

U: Smettila! Vai a pulire e a mettere in ordine camera tua!

男：テレビゲームは、もう終わりにしなさい！
女：いやだ、おとうさん、もうすぐ終わりにするから！　消さないで！
男：やめなさい！　自分の部屋に、掃除と片付けをしに行きなさい！

N4　a　200

U: Ma chi ha preso la macchina?
D: Tuo padre. È uscito già da due ore.
U: No! Gli avevo detto che oggi l'avrei presa io!
D: Boh. Non ha detto niente. Forse se n'è dimenticato.
U: Oddio! Come faccio?!
D: Perché non prendi il tuo motorino?
U: Ma fa freddo! Va be', non c'è altra soluzione.

男：いったい誰が車に乗って行っちゃったの？
女：おとうさんよ。もう２時間も前に出かけたわよ。
男：ええっ！　今日はぼくが使うって、言っておいたのに！
女：さあ…？　なにも言ってなかったわよ。たぶん、忘れちゃったのよ。
男：ああ、どうしよう！
女：バイクに乗っていけばいいじゃない？
男：だって寒いよ。仕方ない。ほかの解決策はない。

N5　b　201

U: Mamma, hai comprato lo yogurt?
D: Lo yogurt? No, non l'ho preso.
U: Ma dai! Ti avevo detto di comprarmelo!
D: No, non ti ho sentito. Non me l'hai detto.
U: Sì che te l'ho detto! Mannaggia! Il supermercato ora è già chiuso!
D: Dai! Domani te ne compro 10 barattoli, ok?

男：おかあさん、ヨーグルト、買った？
女：ヨーグルト？　いいえ、買わなかったわ。
男：えー！　買ってきてって言ったじゃない！
女：いいえ、聞いていません。言わなかったわよ。
男：ぜったい、言ったよ！　まったく！　スーパーはもう閉まってるし。
女：もう！　明日、10 個買ってあげるわよ、それでいい？

N6 c 202

U: Ma cosa ci fai ancora qui? Muoviti a uscire, farai tardi a scuola!

D: Papà, guarda che da questo trimestre le lezioni sono a distanza. Ho ancora mezz'ora di tempo.

U: Ah, hai ragione, me ne ero dimenticato. Allora sbrigati ad accendere il computer e a prepararti. E non voglio vederti navigare su internet durante le lezione, ci siamo capiti?

男：いったい、まだここでなにをしているの？　さっさと出かけなさい。遅刻するよ！

女：おとうさん、今学期から授業はリモートになったんだよ。まだ30分ある。

男：ああ、そうだ。忘れていた。じゃあ、急いでパソコンをつけて、準備しなさい。授業中にネットを見てちゃだめだよ。いいね？

Lezione
29 いろいろあって…

遅刻、紛失物 …… 釈明

Ⅰ 会話を聞いて、内容にあっているイラストを選びましょう。 203〜204

N1 203

a

b

c

N2 204

a

b

c

N1 203 ＿＿＿＿＿

N2 204 ＿＿＿＿＿

II 会話を聞いて、質問の答えを選びましょう。 205〜207

N1 205

Andrea ...

1) se ne sta andando.
2) sta aspettando Daniela.
3) sta prendendo un caffè.

N2 206

Perché stanno litigando?

1) Perché lui parla sempre al cellulare.
2) Perché lei teneva spento il cellulare mentre lui voleva parlarle.
3) Perché lei non vuole comprare il cellulare.

N3 207

Che cosa stanno cercando?

1) Il sito internet.
2) La prenotazione.
3) Il cellulare.

リスニングのポイント

I

N1 Scusami は動詞 scusare「許す」+ mi「私を」。tu に対する命令法で、直訳は「私を許せ」→「ごめんね」。Lei に対する場合は mi scusi「申し訳ありません」。colpa は「過ち、原因」で、non è mia la colpa（la colpa non è mia が倒置＝強調）は「過ちは、私のではない」→「私のせいではない」。そのあとを、前置詞に注意して聞き取りましょう。
Sono uscita ____ casa ____ tempo ma ...
原因は、l'autobus non è passato「バスが通らなかった」＝「来なかった」per più di mezz'ora「30 分以上のあいだ」。

N2 dimmi は「動詞 dire の tu に対する命令法 di' ＋私に mi」。目的語の語頭の子音を重ねます（dire, dare, andare, fare, stare の 5 つの動詞には、このルールが適用されます）。意味は「私に言え」→「なに？」。Lei に対しては Mi dica.「どうぞ、おっしゃってください」。ラウラの次のフレーズを聞き取ってみましょう。
Ah, ____ ______ ____ leggerlo? Com'è? Ti _____ ___________?
前半の動詞は〈finire + di + 原形〉で「〜し終える」、後半は piacere の近過去（助動詞は essere）です。男性の non l'ho ancora finito は「まだ、それを終えていない」＝「読み終わっていない」。fino a certo punto「あるところまで」、da morire「死ぬほど」＝「とても」。ところが da ieri「昨日から」non lo trovo「私はそれを見つけない」da nessun parte「どこにも」。dappertutto「そこらじゅう、あちこち」。女性の最後のフレーズ Non ti preoccupare. は、再帰動詞 preoccuparsi「心配する」の tu に対する否定命令〈non ＋原形〉です。Non preoccuparti. とも言えます。Lei に対しては Non si preoccupi.

II

N1 andare di corsa「急いで行く」。Magari「できれば、そうしたいが」un'altra volta「別の機会に」。その理由は…
Sono già _____ ritardo _____ mezz'ora _____ l'appuntamento Daniela.

N2 hai tenuto の動詞の原形は tenere で「(ある状態に) 保つ」。ここでは il cellulare「携帯」を spento (動詞 spegnere「消す」の過去分詞と同じ形の形容詞) の状態にしておく。Volevo parlarti. の volevo は動詞 volere の半過去なので、「話したかったのに、話せなかった」。parlarti は parlare a te「きみに話したかった」。ne ho voglia の ne は、avere voglia di ... の di ... 以下が ne となっています。ここでは quando ho voglia di rispondere al cellulare。non ha senso は「意味がない」、主語は averlo (lo = cellulare)。〈形容詞 costretto ＋前置詞 a ＋原形〉で「～することを強制されている」。costretto は動詞 costringere の過去分詞と同じ形の形容詞です。

N3 冒頭の Accidenti は、いらだち、不満などを表す言葉です。Ma come は Ma come mai lo dici?「いったい、なぜ、そんなことを言っているの？」。
男性の最後のフレーズは、
Ma ______ ________ il telefonino?　ここで使われている finire は「終わる」あるいは「終える」という意味はなく、「(ある場所に) 行きつく」。

解答 & スクリプト

N1 a 203

D: Mi hai aspettata molto?

U: Sì.

D: Scusami, ma non è mia la colpa.

U: Ah, no?

D: Sono uscita di casa in tempo ma l'autobus non è passato per più di mezz'ora. Poi questo traffico pazzesco che... Ma mi ascolti?

U: Sì, sì...

D: Sei arrabbiato! Dai! Ti offro un aperitivo e poi andiamo a ballare, ok?

女：長く待った？
男：うん…
女：ごめんね。でも私のせいじゃないのよ。
男：え、ちがうの？
女：時間通りに家を出たんだけれど、バスが30分以上も来なかったの。それに、このひどい渋滞で…　ちょっと、聞いてる？
男：はい、はい。
女：怒っているのね。ねえ！　食前酒をご馳走するから、そのあと踊りに行きましょう、いい？

N2 a 204

U: Laura, ti devo dire una cosa.

D: Sì, dimmi!

U: Quel libro che mi avevi prestato...

D: Ah, hai finito di leggerlo? Com'è? Ti è piaciuto?

U: No, non l'ho ancora finito. L'ho letto fino a certo punto e mi è piaciuto da morire, ma da ieri non lo trovo da nessun parte. Forse...

D: Mamma mia! L'hai perso?

U: Guarda, l'ho cercato dappertutto, all'università, al bar, a casa degli amici...

D: Va be', dai. Non ti preoccupare.

男：ラウラ、きみに言わなくちゃならないことがあるんだ。
女：なに？　言って！
男：ぼくに貸してくれた、あの本なんだけど…

女：ああ、読み終わった？　どうだった？　気に入った？
男：いや、まだ読み終わってないんだ。途中まで読んで、すごくおもしろいなと思ったんだけど、昨日からどこにも見当たらなくて。たぶん…
女：あらま！　なくしちゃったの？
男：そこらじゅう、探したんだよ。大学、バール、友達の家…
女：まあ、いいわ。気にしないで。

N1 1 205

D: Hai fretta, Andrea? Vai di corsa o prendiamo un caffè?

U: Magari un'altra volta. Sono già in ritardo di mezz'ora per l'appuntamento con Daniela. Sarà arrabbiatissima!

女：アンドレア、急いでる？　すぐに行っちゃう？　それともコーヒーでも飲む？
男：そうしたいところなんだけど、また今度ね。ダニエラとの約束に、もう30分も遅刻してるんだ。たぶんカンカンになってるよ。
質問：アンドレアは…
1）立ち去ろうとしている。
2）ダニエラを待っている。
3）コーヒーを飲んでいる。

N2 2 206

U: Perché hai tenuto spento il cellulare? Volevo parlarti.

D: Quando? Di che cosa? Non voglio rispondere sempre al cellulare. Rispondo quando posso e quando ne ho voglia.

U: Ma allora non ha senso averlo!

D: Infatti! Sono costretta a tenerlo per lavoro. Se no...!

男：どうして携帯を切っていたの？　話したかったのに…
女：いつ？　なにを？　携帯に、いつも出たくはないわ。そうできるとき、そうしたいときに出るの。
男：それじゃ、携帯を持つ意味がないよ！
女：そのとおり！　仕事のために、持たされているの。そうじゃなかったら…
質問：なぜ彼らは口論しているのでしょう？
1）彼が携帯で話してばかりいるから。
2）彼が彼女と話したいとき、彼女が携帯を切っていたから。
3）彼女が携帯を買わないから。

N3 3 207

U: Accidenti, dove ho messo i biglietti?

D: Ma come, non hai prenotato dal sito?

U: Ah, giusto, che sbadato! Abbiamo i biglietti elettronici! Ma dov'è finito il telefonino?

D: Non mi dire che l'hai perso! Te l'avevo appena regalato!

男：あれ、チケットをどこに入れたっけ？

女：えー（なに言ってるの）、サイトから予約したんじゃないの？

男：ああ、そうだ。うっかりしていた。電子チケットを持っているんだった。あれ、携帯はどこに消えちゃったかな？

女：なくしたなんて、言わないでよ。（私は、あなたにそれを）プレゼントしたばかりなんだから。

質問：彼らは、なにを探しているでしょう？

1）インターネットのサイト

2）予約

3）携帯

Lezione 30

クレーム

物価高、騒音 ……………………………… グチを受け流す会話

会話を聞いて、質問に対する正しい答えを選びましょう。 208〜213

N1 208

1) Perché la sala è brutta.
2) Perché le critiche non sono buone.
3) Perché il regista ha cambiato totalmente il suo stile.

N2 209

1) Del maltempo.
2) Dell'economia per il futuro.
3) Della cena di stasera.

N3 210

1) Perché i vicini sono sempre fuori.
2) Perché i vicini sono rumorosi.
3) Perché i vicini lasciano abbaiare il cane.

N4 211

1) È diversa dal solito.
2) È troppo lunga.
3) È fuori moda.

N5 212

1) Perché Luca non è puntuale.
2) Perché Luca l'ha lasciata.
3) Perché Luca non ha prenotato il ristorante.

N6 213

1) Perché non le piacciono i braccialetti.
2) Perché è troppo costoso.
3) Perché preferisce gli orecchini.

N1 208	N2 209	N3 210
______	______	______
N4 211	N5 212	N6 213
______	______	______

リスニングのポイント

N1 regista「映画監督」は、-ista の職業名（giornalista ジャーナリスト、pianista ピアニスト）などと同様に、単数形は男女同形です。
Dopo aver visto（見たあとで）il suo ultimo film（彼の最後の映画を＝彼の最新作を）, ho deciso di（私は決めた）non guardarne（見ないと）mai più（もう二度と）
ne は nessuno dei suoi film で、「この監督の作品は１本も見ない」（＝数量表現の ne）。
そのあとを聞き取りましょう。
Ha perso tutto il fascino che aveva ______ le opinioni dei critici.
ジェルンディオの時制は、主節の時制と同時です。

N2 pazzesco「異常な、途方もない」。a causa di ...「〜が原因で、〜のために」。キーとなる女性のフレーズを聞いてみましょう。
Se continua così ___ ______ ______ non ______ molto _______.
最後の形容詞は roseo「バラ色の、見通しの明るい」、vita を修飾しているので語尾は -a になります。

N3 non ne posso più の原形は non poterne più (di ...)「（〜に）もうこれ以上、我慢できない」。ne は di 以下の先取りと考えましょう。cagnolino「子犬」、avere presente ...「〜を覚えている」、abbaiare「（犬が）吠える」、giorno e notte「昼となく夜となく、四六時中」、è stressato dalla solitudine「孤独によって、ストレスに苛まれている」は受動態、da は「〜によって」。

N4 スカートについて尋ねられた男性は、
È un po' diversa ________ ___ tuo stile と答えています。名詞 rispetto は「尊敬」あるいは「配慮」という意味がありますが、rispetto a ... は「〜と比べると」。
女性は、credevo che lei ________ bene i miei gusti だったのですね。〈credere che ＋接続法〉、過去のできごとで、主節と従属節に同時性がみられる場合は、どちらも半過去になります（時制の一致）。

N5 Che ti è successo? の ti は、間接目的語の代名詞「きみに」なので、直訳は「なにがきみに起こったの？」。successo は succedere の過去分詞。その原因は、
È arrivato ____ ______ _______ di ritardo, _____ ____ _______,
e non mi ha chiesto neanche _______.
chiedere scusa「謝る」。
me ne sono andato/a は、andarsene「（その場から）立ち去る」の近過去です。
limite「限界」、ciao e buonanotte「これっきり、さようなら」。
telefonagli は、telefonare の tu に対する命令法 telefona + gli（間接目的語の代名詞、彼に）。
ingigantire「大きくする」、in fondo「結局は」。

N6 Che ne dici di ...? は、「di 以下のことについて、きみは何を言うか」＝「どう思うか？」。ne は di ... の先取りと考えましょう。
essere d'oro「金製である」、essere d'argento「銀製である」。
avere ragione「言っていることが正しい、道理がある」。
non è (proprio) il caso は「そこまでする必要はない」。

アクセサリー

anello	指環	oro	金
collana	ネックレス	argento	銀
braccialetto	ブレスレット	platino	プラチナ、白金
orecchini	ピアス	titanio	チタン
pendente	ペンダント	diamante	ダイヤモンド
piercing	ボディーピアス	rubino	ルビー
		smeraldo	エメラルド
		zaffiro	サファイア
		perla	真珠
		corallo	珊瑚

解答 & スクリプト

N1 3 208

U: Perché non andiamo a vedere questo film? Ti piace questo regista, vero?

D: No. Dopo aver visto il suo ultimo film, ho deciso di non guardarne mai più.

U: Non lo sapevo. Come mai?

D: Ha perso tutto il fascino che aveva seguendo le opinioni dei critici. Ha cambiato tutto: il ritmo teso, la luce brillante, persino la musica!

DOMANDA: Perché non vuole andare a vedere il film?

男：この映画、観に行かない？　この監督、好きでしょう？
女：いいえ。前作を観たとき、この監督の作品は、もう二度と観ないと決めたの。
男：それは、知らなかったな。どうして？
女：評論家たちの意見に従って、以前の魅力を失くしてしまったのよ。緊張感の漂うリズム、輝く照明、音楽まで、なにもかも変えちゃったのよ。
質問：なぜ映画を観に行きたくないのでしょう？

1）映画館が汚いから。
2）映画評がよくないから。
3）監督が全体的にスタイルを変えてしまったから。

N2 2 209

U: Hai comprato così poca verdura?

D: Eh, sì. Guarda che i prezzi della verdura sono diventati pazzeschi.

U: Sarà a causa del maltempo che c'è stato.

D: Del maltempo? Ma scusa, dove vivi tu?! Non ti sei accorto che è aumentato tutto quanto? Tasse, servizi, cibi, vestiti... Se continua così la nostra vita non sarà molto rosea.

U: Beh, da mangiare per stasera ce n'è, al futuro ci penseremo dopo.

DOMANDA: Di che cosa si preoccupa la signora?

男：これだけしか野菜を買わなかったの？
女：そうよ。野菜の値段がすごく高くなったの。
男：この前の天候不順のせいかな。
女：天候不順？　ちょっと、あなた、どこに住んでいるの？　なにもかもが高くなったって、気づいていないの？　税金、料金、食品、洋服…　もしこんなことが続いたら、私たちの生活はあまりバラ色ではなくなるわ。

男：まあ、そうだけど、今夜、食べるものがあるんなら、未来のことはあとで考えよう。

質問：女性は、なにを心配しているのでしょう？

1）天候不順について。

2）経済の見通しについて。

3）今夜の夕食について。

N3 3 210

D: Che faccia! Non hai dormito bene?

U: Senti, non ne posso più!

D: Di che?

U: Del cagnolino! Hai presente quel piccolo cane dei vicini?

D: Ah, sì, sì. Quello carino, simpatico.

U: Simpatico, va bene. Però abbaia giorno e notte perché vuole giocare con qualcuno.

D: I tuoi vicini non giocano con lui?

U: No. Durante la giornata sono sempre fuori e la notte lo chiudono sul balcone.

D: Poverino, è triste e stressato dalla solitudine.

DOMANDA: Perché lui si lamenta?

女：ひどい顔！　よく眠れなかったの？

男：聞いてくれよ…　もう我慢できない…

女：なにに（我慢ができないの）？

男：子犬だよ！　隣の小さい犬、覚えてる？

女：ええ、覚えているわ。かわいくて、人懐こい。

男：人懐こいのはいいんだけど。誰かと遊びたくて、ずっと吠えているんだ。

女：隣の人たちは、遊んでやらないの？

男：いや。日中はいつも出かけているし、夜はバルコニーに締め出してしまうんだ。

女：かわいそうに。寂しくて、孤独のストレスを感じているのね。

質問：彼は、どうして愚痴っているのでしょう？

1）隣の人たちが、いつもいないから。

2）隣の人たちが、うるさいから。

3）隣の人たちが、子犬を吠えっぱなしにさせているから。

N4 1 🎧211

D: Guarda un po' questa gonna. Che ne dici?

U: È nuova? Uhm... È un po' diversa rispetto al tuo stile, no?

D: Appunto. Quindi non so come abbinarla con i vestiti che stanno nel guardaroba.

U: Allora come mai l'hai comprata?

D: Perché la commessa me l'ha consigliata insistentemente. Io vado sempre nello stesso negozio per i miei abiti, quindi credevo che lei conoscesse bene i miei gusti. Però questa volta...

U: Beh! Così dovrai ritornarci per comprare altri vestiti da abbinare a questa gonna, no?

DOMANDA: Com'è la gonna che ha comprato?

女：このスカート、ちょっと見て。どう思う？

男：新しいの？　うーん…　きみの好みとは少しちがうね。

女：そうなのよ。だからクローゼットにある服と、どう組み合わせたらいいか、わからないの。

男：じゃあ、なんで買ったの？

女：だって、店員がしつこく勧めたのよ。私はいつも同じ店で服を買っているから、店員は私の好みをよく知っていると思ったの。でも、今回は…

男：しかたないよ！　このスカートに合う服を見つけに、その店にまた行かなきゃならないってことだ。

質問：彼女が買ったのは、どのようなスカートですか？

1）いつもとは、違う。

2）長すぎる。

3）流行遅れである。

N5 1 🎧212

U: Sei già ritornata? Non sei uscita con Luca?

D: Sì. Ma con lui non ci uscirò mai più!

U: Sei arrabbiata? Che ti è successo?

D: È arrivato con 30 minuti di ritardo, come al solito, e non mi ha chiesto neanche scusa. Così abbiamo perso il film e me ne sono andata arrabbiatissima. Tutte le cose hanno un limite. Gli ho detto ciao e buonanotte!

U: Ma dai, prima mangia qualcosa con calma e poi telefonagli. Non devi ingigantire le cose. Luca in fondo è una persona buona, no?

DOMANDA: Perché lei è arrabbiata?

男：もう帰ってきたの？　ルカとデートじゃなかったの？

女：そう。でも、彼とはもう出かけない！

男：怒ってるの？　なにがあったの？

女：いつものように30分遅刻してきたくせに、謝りもしないの。それで、映画に間に合わなくなって、カンカンに怒って帰ってきちゃった。何事にも限界があるわ。もう彼とは別れる。

男：やれやれ。まずはゆっくりとなにか食べて、それから彼に電話をしなさい。物事を大げさにしてはダメだよ。つまるところ、ルカはいい人なんだろう？

質問：なぜ彼女は怒っているのでしょう？

1）ルカが時間を守らないから。

2）ルカが彼女を振ったから。

3）ルカがレストランを予約しなかったから。

N6　2　213

U: Che ne dici di questo braccialetto per Marta?

D: Ma è d'oro? Forse è un po' troppo... Guarda questi modelli di cuoio.

U: Ma è il suo compleanno, quelli sono veramente troppo economici!

D: Beh, a me hai regalato degli orecchini d'argento per il mio compleanno, e io sono la tua ragazza!

U: Hai ragione, d'oro non è proprio il caso...

DOMANDA: Perché lei non è d'accordo sul regalo?

男：マルタに、このブレスレットはどうかな？

女：金製よ？　たぶん、ちょっと、大げさかも…　ほら、こちらのタイプは皮製よ。

男：でも誕生日だよ。これらは（＝そっちの皮製のは）ほんとうに安すぎるよ。

女：へえ、私の誕生日には銀製のピアスだったじゃない。私は、あなたの恋人なのに。

男：きみの言うとおりだ。金製は、やっぱり大げさだね（＝たしかに適切じゃないね）。

質問：なぜ、彼女はプレゼントについて賛成していないのでしょう？

1）ブレスレットが嫌いだから。

2）高すぎるから。

3）ピアスのほうが好きだから。

著者紹介
入江たまよ（いりえ　たまよ）
成城大学法学部卒業。コンピューター会社、出版社などを経て、シエナ、ローマへ留学。NHK テレビ、ラジオ、外務省研修所などで講師を務める。
著書に『イタリア人が日本人によく聞く 100 の質問』（三修社、共著）、『ニューエクスプレスプラス　イタリア語』（白水社）、共訳書に『マエストロ・バッティストーニのぼくたちのクラシック音楽』（音楽の友社）などがある。

Mattia Paci（マッティーア・パーチ）
リグーリア州ジェノヴァ出身。ヴェネツィア大学卒業。2009 年に来日以降、NHK テレビ、外務省研修所などでイタリア語講師として活躍。CELI イタリア語試験官。

● 音声ダウンロード・ストリーミング
1. PC・スマートフォンで本書の音声ページにアクセスします。
https://www.sanshusha.co.jp/np/onsei/isbn/9784384059991/
2. シリアルコード「05999」を入力。
3. 音声ダウンロード・ストリーミングをご利用いただけます。

イタリア語リスニング

2022 年 11 月 20 日　第 1 刷発行

著　者　入江たまよ
　　　　Mattia Paci
発行者　前田俊秀
発行所　株式会社　三修社
〒 150-0001　東京都渋谷区神宮前 2-2-22
TEL　03-3405-4511
FAX　03-3405-4522
振替　00190-9-72758
https://www.sanshusha.co.jp
編集担当　菊池　暁

印刷・製本　日経印刷株式会社
DTP　株式会社欧友社
音声製作　Studio Glad
装丁　SAIWAI Design
本文イラスト　梶原由加里

ISBN978-4-384-05999-1 C1087